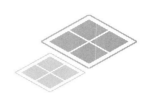

帰京後の親鸞―明日にともしびを―⑪

八十四歳の親鸞

―『西方指南抄』―

今井雅晴

「帰京後の親鸞―明日にともしびを―」シリーズ

刊行の趣旨

親鸞は鎌倉時代に阿弥陀仏の教えを説き、信心と報謝の念仏を人々に伝えました。「報謝」とはどのような意味でしょうか。鎌倉時代には、「感謝」という日本語はなく、その代わりで「報謝」があったのです。これは仏教だけの用語ではなく、一般的な言葉です。そして「報謝」は単に「ありがとう」と言葉と心でお礼を言うだけでなく、何か形に表われたお返しをする必要があるという意味を含んだ日本語でした。その意味を示すのが「報（報い）」です。親鸞の「報謝」はそのような日本語と日本社会を背景にして成り立っています。

親鸞は九十年の人生を送りました。出身は後白河法皇《ごしらかわほうおう》の信頼厚い貴族（これを「近臣《きんしん》」といいます。身分はだいたい中級貴族です）日野範綱《ひののりつな》と、後鳥羽上皇《ごとばじょうこう》の近臣、かつ儒学者《じゅがくしゃ》として高く評価された日野宗業《ひののむねなり》とを伯父に持つ藤原氏でした（拙稿「親鸞比叡山下山までの伯父たち・日野範綱と日野宗業——努力と遅咲きの家系——　上」『東国真宗』第十二号、「同　下」同第十三号、いずれも二〇二一年）。

親鸞は四十二歳から六十歳までの十八年間は、新興の武士の都とも言うべき関東での布教伝道に心血を注ぎ、多くの門弟を得ました。これは武士が親鸞の「悪人正機《あくにんしょうき》」に心が洗われた思いがし、「信心」「報謝」に強い感動を与えられたからでしょう。

武士は、武士の家に生まれたが故に、心ならずも行なってしまう人殺しの悪業《あくごう》に苦しんでいました。それを「悪人正機」が救ったのです。一般社会の中での「悪人正機」の示す「悪人」は、精神的な悪人よりも、実際に殺人等の悪業を犯す人であったと見るべきです。そうでなければ切実感がありません。

さらに武士は、主君・家来や同輩との対人関係で「信頼」と「報謝」を大切にしていました。後世の、たとえば江戸時代の人々と比べて、男女共にずっと自主的に生きていたからです。「信心」と「信頼」は向ける対象は異なりますが、心は共通しています。まして、主君に対する裏切りが尊ばれ、「信頼」が意味をなさなかった戦国時代末期から安土桃山時代（拙稿「本願寺顕如・教如と織田信長『約束破り』の『皆殺し』」『東国真宗』第十号、二〇二〇年）とは大いに異なります。

親鸞は時代と社会に対応した教えを説いたのです。そして関東に入って十年目、五十二歳の時、『顕浄土真実教行証文類《けんじょうどしんじつきょうぎょうしょうもんるい》（教行信証《きょうぎょうしんしょう》）』を執筆しました。現代で言うところの浄土真宗の立教開宗を示す書物です。

『教行信証』執筆の八年後、親鸞は関東を離れて京都に帰り、九十歳までの三十年間を生きました。京都に帰ってしばらくは住所・行動がはっきりしない時期もありましたが、やがて再び門弟との交流を盛んに行なうようになりました。

親鸞は七十代の半ばに『教行信証』をほぼ完成させると『浄土和讃《じょうどわさん》』『浄土高僧和讃《じょうどこうそうわさん》』『唯信鈔文意《ゆいしんしょうもんい》』など、わかりやすい教学書を著わし始めました。この活動は八十歳代に入ってから特に盛んになりました。きっかけは息子の善鸞《ぜんらん》だったでしょうし、同時代そして明日の人々に対しても生きるともしびを示したいという、強い意志に基づくものではなかったでしょうか。本シリーズの副題「明日にともしびを」は、このことによってつけています。

この間、妻の恵信尼《えしんに》や娘の覚信尼《かくしんに》、さらには前掲の善鸞、あるいは孫の如信《にょしん》をはじめとする家族とはいろいろなできごとがありました。それらはすべて親鸞の救いの思想を深めていきました。帰京後の三十年間は親鸞の人生の総仕上げでした。

一方、帰京後の親鸞が生きた鎌倉時代の中期は、朝廷に代わって幕府が日本統治の実権を握りつつある時代でした。商業は発展し、各地の流通も盛んになりました。これに応じて、そこから発生する問題に対し、宗教界にもさまざまな動きがありました。また大陸では北方民族の蒙古《もうこ》が南宋《なんそう》や朝鮮半島の高麗《こうらい》を長年にわたって圧迫し、侵略し、その影響はしだいに日本にも及んできていました。

「帰京後の親鸞――明日にともしびを――」シリーズでは、このような政治・社会・宗教そして国際情勢の中で、親鸞は六十歳から九十歳までをどのように生きたのか、可能な限り年齢を区切って追っていきます。全十五冊という計画です。

なお親鸞の誕生から往生までの九十年の概要については、最近の拙著『親鸞聖人の一生』(築地本願寺・自照社、二〇二三年)をご参照ください。

すでに刊行した本シリーズ第一冊『六十三歳の親鸞――沈黙から活動の再開へ――』

では、親鸞は六十歳でただ一人帰京し、環境の変化でしばらく門弟との交流や布教をためらいました。しかし六十三歳の時に法兄聖覚《ほうけいせいかく》の往生をきっかけに活動を再開したと推定しました。

第二冊『六十七歳の親鸞――後鳥羽上皇批判――』では、親鸞を越後《えちご》に流した後鳥羽上皇がこの年に亡くなり、それを軸に構成しました。上皇の処断は念仏弾圧《ねんぶつだんあつ》ではなく、愛人である女官たちが勝手に出家したのを怨《うら》（恨）み、忿《いか》（怒）ったのが原因でした。

第三冊『七十歳の親鸞――悪人正機説の広まり――』では、親鸞の主な門弟は武士であったこと、彼らの切実な求めは悪人正機の救い（武士の家に生まれたがために人殺しの悪業を行なわざるを得ない苦しみからの救い）であったろうことを述べました。

第四冊『七十四歳の親鸞――覚信尼とその周囲の人びと――』では、親鸞の末娘で本願寺の基を作った覚信尼の生活と、その家族や身近な親族について、さらに彼女が家《いえ》の女房《にょうぼう》（身分の高い女官）として仕えた太政大臣《だいじょうだいじん》久我通光《こがみちてる》の活動を述べました。

第五冊『七十五歳の親鸞――『教行信証』の書写を尊蓮に許す――』では、親鸞が伯父で養父の日野範綱の息子（同時に他の伯父日野宗業の養継子）、従三位《じゅさんみ》という公卿《くぎょう》の信綱《のぶつな》（尊蓮《そんれん》）に初めて『教行信証』の書写を許したことと、その社会的意義について述べました。

第六冊『七十六歳の親鸞――『浄土和讃』と『高僧和讃』――』では、親鸞の最初の和讃（漢文ではない和文の、仏菩薩《ぶつぼさつ》・経典・先師などを褒め称《たた》える歌）『浄土和讃』と『浄土高僧和讃』について述べました。親鸞の主な関心が教学追究から布教に変わってきたのです。

第七冊『七十九歳の親鸞――山伏弁円・平塚の入道の没――』では、はじめ親鸞に敵意を抱《いだ》き、のち帰服して熱心な念仏者になり、この年に往生した山伏弁円《やまぶしべんねん》について述べました。あわせて同年に往生した門弟の平塚《ひらつか》の入道《にゅうどう》についても述べました。

第八冊『八十歳の親鸞――造悪無碍――』では、半世紀ほども前から社会を混乱させている「造悪無碍《ぞうあくむげ》」が、親鸞にとっても解決すべき深刻な課題となって立ち現われ、親鸞がいかにその課題解決に立ち向かったかを述べました。

第九冊『八十二歳の親鸞――善鸞異義事件――』では、善鸞異義事件《ぜんらんいぎじけん》（義絶事件《ぎぜつじけん》）を取り上げました。有名な事件ながら、史料は親鸞の書状と伝える五点（すべて自筆でない）のみで信用性に問題があります。そこで、その詳しい分析《ぶんせき》を行ないました。第十冊『八十三歳の親鸞――精力的な執筆・書写活動――』では、もともとは多作《たさく》でなかった親鸞が、この年から急に書物の精力的な執筆・書写を始めたことを見ていきました。またその理由についても検討しました。

シリーズ第十一冊目の本書『八十四歳の親鸞――『西方指南抄』――』では、まず京都・関東の政治・社会情勢を見たあと、親鸞の書物執筆・書写を検討します。そして八十五歳の一月に入る足掛《あしか》け四ヶ月の月日をかけて『西方指南抄《さいほうしなんしょう》』の書写に入ったことに注目します。この本は法然《ほうねん》の法語や書状を集めたもので、親鸞の編集とされてきましたが、どうも違うようです。いずれにしても、親鸞はなぜ長期間、『西方指南抄』に取り組んだのでしょうか。そこには重要な意味があると判断して、『西方指南抄』の内容を見ていくことにしたのです。

◆目　次◆

帰京後の親鸞——明日にともしびを——⑪

八十四歳の親鸞——『西方指南抄』——

はじめに――『西方指南抄』――

康元《こうげん》元年（一二五六）、親鸞は八十四歳になりました。親鸞が四十二歳の時から十八年間、妻子六人と合わせて七人で生活しながら念仏布教に辛苦を重ねた関東を去って京都へ戻り、それからすでに二十四年も経ちました。関東での生活以上の年数です。

この間、専修念仏《せんじゅねんぶつ》を広めている人たちにはさまざまな壁が目の前に立ちふさがりました。大きく言えば、壁は二つあります。第一の壁は、どんな悪いことをしても、阿弥陀様は救ってくれるそうじゃないか、それならどんどん悪いことをしてみようじゃないか、それでも極楽へ往生できるぞという、いわゆる造悪無碍《ぞうあくむげ》の人たちです。専修念仏は社会の治安を乱す、と言われることにもなります。

第二の壁は、指導する人が、いくら念仏のみに生きなさい、他の教えは捨てなさいと説いても、従来のいろいろな仏教や地元の神社の信仰を完全には捨てられない人たちです。淋しい・念仏を称《とな》えるだけでは物足りないということもあるでしょうし、住んでいる地域の人たちから村八分《むらはちぶ》にされることもあったと推定されます。

この二つの壁は、親鸞が現在住む京都、かつて住んでいた関東、いずれにもあったことでしょう。

右の第一の壁の造悪無碍を抑え、禁ずることは、理屈ではむしろ簡単です。親鸞が困ったのはむしろ第二の壁の方ではなかったでしょうか。自分で関東へ出かけ、説得してまわることは体力的にもとてもできません。信心と報謝の念仏が維持され、広まるにはどうしたらよいのか。八十四歳の親鸞にはそのことがもっとも大きな課題だったはずです。実はその解決に向けての第一歩が、この年だったのではないかと筆者は考えています。その手がかりが『西方指南抄《さいほうしなんしょう》』です。

親鸞八十四歳当時の政治・社会は、特に京都と関東ではその前年に比べ、それほど大きな変化はありません。京都では後嵯峨上皇《ごさがじょうこう》が鎌倉幕府の後押《あとお》しで強い勢力を維持しています。後嵯峨上皇の中宮《ちゅうぐう》（皇后《こうごう》）は西園寺家《さいおんじけ》から出ています。以後、鎌倉幕府が滅びるまで歴代の皇后はなんとすべて西園寺家出身の女性でした。当然、朝廷の中はかつての摂関家《せっかんけ》に代わり西園寺家が押さえることになりました。

鎌倉の幕府では執権《しっけん》の北条時頼《ほうじょうときより》が反対勢力を駆逐《くちく》して専制政治を敷き始めていました。そして親鸞八十四歳のこの年、時頼は朝廷の院政《いんせい》に倣《なら》った幕府の院政を敷いたのです。きっかけは時頼自身の病気でした。

時頼は九月、おりから流行していた麻疹《ましん》（発熱・全身性発しん・咳鼻水《せきはなみず》）にかかって二週間ほど寝込みました。十一月には赤痢《せきり》（急性腸炎《きゅうせいちょうえん》。腹痛・発熱・嘔吐《おうと》・下痢《げり》）にかかって、二週間以上も苦しみました。いずれもやがて回復しましたが、引退する決心をし、執権職を妻の兄（ただし、時頼より三歳の年下）北条長時《ほうじょうながとき》に譲りました。時頼の後継者たるべき息子の時宗《ときむね》はまだ六歳だったからです。

しかし、いずれ執権職を時宗に引き継がせるべく、時頼は幕府の指導者たる位置を手放すことはなく、〝院政〟を開始したのです。それが親鸞八十四歳の十一月でした。

親鸞といえば、前年に引き続き自著の執筆活動および諸師の著書の書写活動に励んでいました。そして出会ったのが、法然《ほうねん》が記した教えや、いろいろな人々に送った手紙、人々の反応を集めた『西方指南抄』でした。人々からの質問に答えたものも多いです。また興味深いことに、法然が見た夢や一般人が見た夢（念仏や法然について）がとてもたくさん集められているのです。

人々からの質問は、もちろん念仏のことが中心ですけれども、たとえば、「天台《てんだい》・真言《しんごん》の修行をしてはいけないのですか」なども数多いのです。そして法然は天台・真言の修行を否定してはいないこともあります。そこで『西方指南抄』はかなり分量が多い本ですが、全部紹介することにしました。むろん、原文全体あるいは現代語訳全部を載せる頁数の余裕はありません。それで要旨を記したり、それぞれの主張をまとめて述べたりすることにしました。

親鸞は、師匠法然がどのように人々に説いたか、人々はどのように反応したかをあらためて知り、感ずるところが大きかったであろうと思います。この時期、親鸞の課題だったのは専修念仏の理論を深めたいということではなく、どのように多くの人に対応したらよいかということでした。それに、なにせ生涯の師匠といっても、法然に直接指導を受けることができたのはその二十九歳から三十五歳まで、たったの六年間だけだったのです。

なお、『西方指南抄』は近年に至るまでの長い間、親鸞自身の編集であるとされてきました。しかし最近、編集者は他の人であるという見解が強くなっています。筆者もそのように考えています。それは本冊の最後に触れます。

以下、まず親鸞八十四歳の京都・鎌倉の政治社会動向から見ていきます。

1 京都と鎌倉の政治・社会動向

(1) 京　都――天皇家と貴族の動向

① 後嵯峨上皇の安定した院政

親鸞八十四歳の康元元年（一二五六）、朝廷では後嵯峨上皇が院政を敷いていました。上皇は承久《じょうきゅう》の乱《らん》（一二二一）の前年の誕生で、仁治《にんじ》三年（一二四二）に鎌倉幕府の後押しで即位した人です。そして寛元《かんげん》四年（一二四六）、中宮の西園寺《さいおんじ》姞子《よしこ》から生まれた長男の久仁親王《ひさひとしんのう》を四歳で即位させ（後深草天皇《ごふかくさてんのう》）、自分は上皇として政治を行なっていたのです。

そして中宮は西園寺家から出すという慣例《かんれい》がこの姞子から始まりました。以後、鎌倉幕府が滅びるまで、天皇の中宮はすべて西園寺家の女性でした。

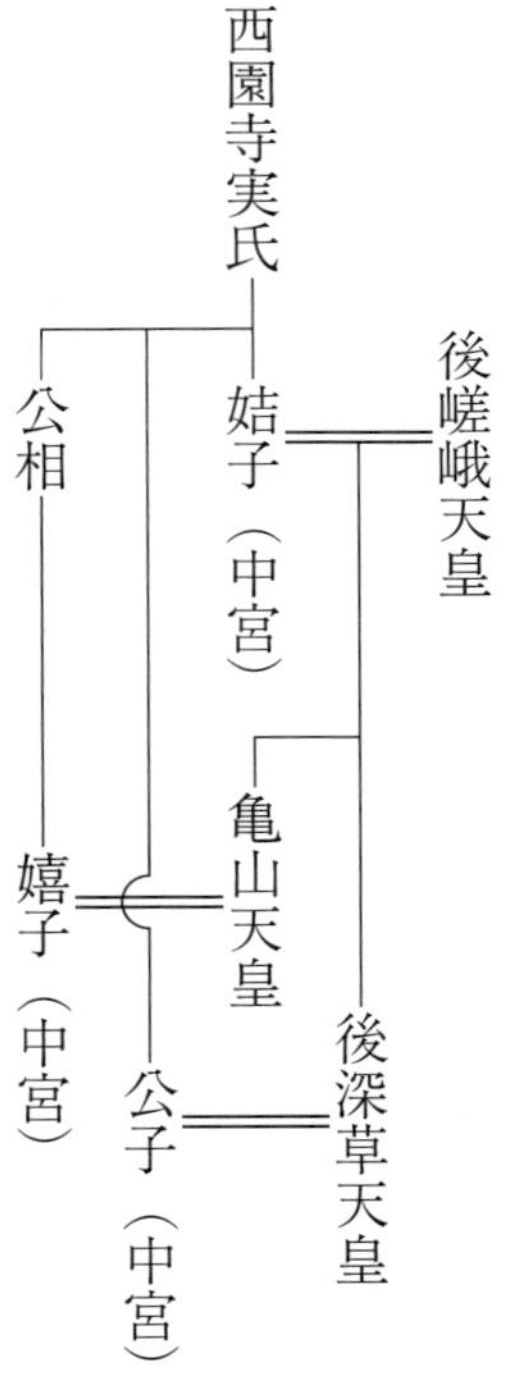

②　後嵯峨上皇、嵯峨に浄金剛院を建立する――浄土宗西山義（西山派）の拠点

後嵯峨上皇は、康元元年（一二五六）十月、嵯峨にある御所に御堂《みどう》（阿弥陀堂）を建立しました。この御堂はのち浄金剛院《じょうこんごういん》と呼ばれ、法然の門弟の証空《しょうくう》を祖とする浄土宗西山派《じょうどしゅうせいざんは》の有力な寺院となりました。後嵯峨上皇は証空と近い親戚関係にあります。

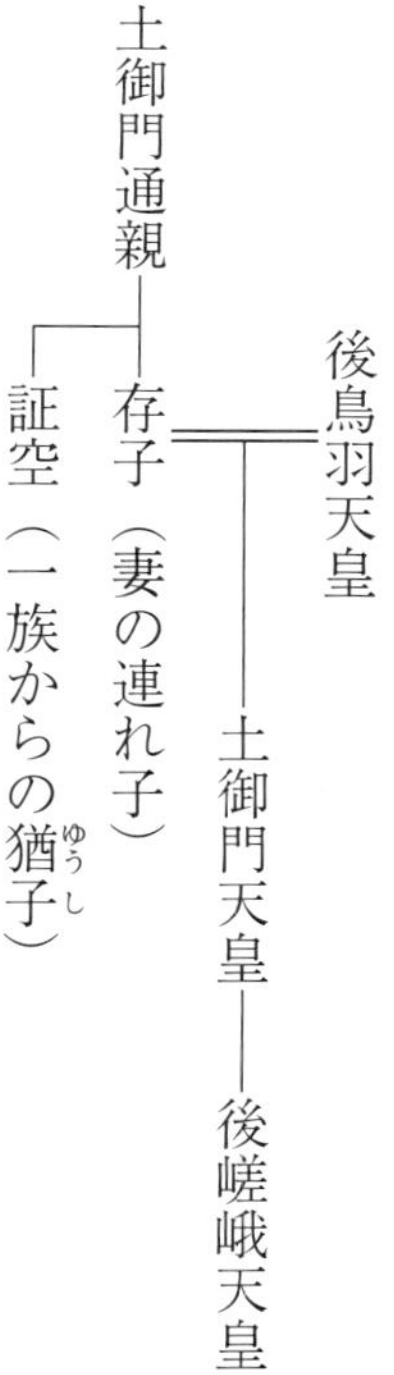

(2)　鎌倉――大きな自然災害の発生

①　大雨・洪水と流行病の発生

親鸞八十四歳の年の後半、鎌倉とその周囲の地方では何度も自然災害が発生しまし

た。まず八月十六日、大雨・大風で河川は洪水、山は崖崩《がけくず》れ、多くの人々が亡くなりました。

九月に入ると、麻疹の流行が始まり、第六代将軍となって鎌倉に下ってきていた宗《むね》尊親王《たかしんのう》に始まり、時頼とその三歳の娘、六歳の嫡男時宗もかかりました。十一月には赤痢が流行し、時頼もかかりました。

② 源頼朝建立の勝長寿院が焼亡

十一月十一日、源 頼朝《みなもとのよりとも》の墓所である法華堂《ほっけどう》の前（南側）にあった勝 長寿院《しょうちょうじゅいん》から火が出て、おりからの強い北風にあおられ、同寺の弥勒堂《みろくどう》・五仏堂《ごぶつどう》等もすべて焼け落ちてしまいました。幸い、本尊や奉納してあった一切経《いっさいきょう》等は持ち出すことができ、難を逃れました。この勝長寿院は源頼朝が父の義朝《よしとも》の追善供養《ついぜんくよう》のために建立し、南《みなみ》の御堂《みどう》と呼ばれていたものです。

このような災害のあった年に、幕府では重大な変革が行なわれていました。

(3) 鎌倉――北条時頼の〝院政〟開始

① 北条氏の得宗

鎌倉幕府では第五代執権北条時頼が〝院政〟を開始するという事態が起こっていました。それだけ、北条氏本家すなわち得宗《とくそう》の政治力が強くなってきていたのです。京都では西園寺家に朝廷の主導権を奪われたとはいうものの、いまだ隠然たる勢力を有していた九条道家《くじょうみちいえ》が、建長《けんちょう》四年（一二五二）に亡くなっていました。そして反時頼の動きで京都に追い返されていた前々将軍九条頼経《よりつね》は康元元年（一二五六）八月に、その息子前将軍九条頼嗣《よりつぐ》はその前月に亡くなりました。以後、九条家は鎌倉時代の政治世界ではほとんど立ち直れませんでした。

こうして執権時頼は鎌倉・京都で勢威を固め、独裁色が強くなっていきました。

② 北条重時、連署辞任

三月、幕府の連署として時頼とともに政治運営に当たっていた北条重時《ほうじょうしげとき》が辞任し、出家しました。そこで新しい連署には重時の異母弟である北条政村《まさむら》を任命しました。

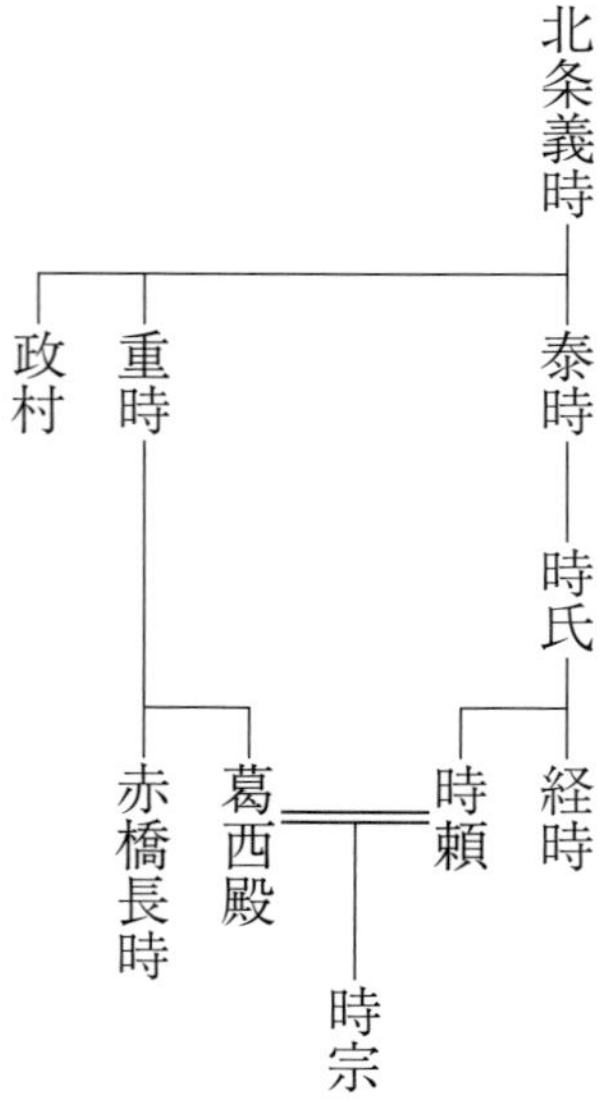

五十九歳の北条重時は、政治に関わることをやめるつもりはありませんでした。時頼は甥の息子で、同時に自分自身の娘婿でもあります。そしてその娘葛西殿《かさいどの》から誕生した時宗は六歳になっていました。

③ 時頼、連続して重病にかかる

ところが九月、前述のように時頼は麻疹にかかりました。二週間ほどで回復しましたが、十月にはその麻疹にかかった時頼の娘が亡くなりました。まだ三歳の幼児でした。

十一月、時頼は今度は赤痢にかかりました。赤痢はだいたい一週間から十日で回復しますが、時頼は二十日ほどでやっと小康状態になりました。

④ 時頼、執権をやめ、北条長時を第六代執権とする

赤痢が小康状態になった十一月二十二日、時頼は執権の職をはじめとして自分が握っていた武蔵国務《むさしこくむ》（武蔵国府《こくふ》の仕事を管理する職。実質的な武蔵国の支配）・侍所別当《さむらいどころべっとう》および自分の屋敷を長時に譲りました。ここに第六代執権が誕生したのです。

翌日二十三日の寅刻《とらのこく》、時頼は最明寺《さいみょうじ》で出家しました。最明寺はこの年の七月、現在の鎌倉市《かまくらし》山ノ内に時頼が建立した寺で、こののち、時頼は最明寺入道《さいみょうじにゅうどう》とも呼ばれました。「入道」とは、出家しても修行生活に入るのではなく、現世的な活動をして

いる人のことをいいます。
最明寺は、現在ではその塔頭《たっちゅう》だった明月院《めいげついいん》のみが残っています。

⑤ 時頼、〝院政〟を開始

時頼も政治活動を隠居したのではなく、依然として執権・武蔵国務・侍所別当などに関する実権、つまりは幕府の運営権は手放しませんでした。新執権に指示を与えていました。時頼は朝廷の院政を念頭に置いて幕府の新しい政治体制を作ったのです。得宗による専制政治、鎌倉幕府版院政の開始です。

新執権長時は妻の兄とはいえ、時頼より若く、事務能力は非常に優れていながら権力欲はとても薄く、穏やかな性格と評判だった人物です。時頼は使いやすかったのでしょう。

⑷ 鎌倉――集まって来た僧侶たち：良忠と日蓮

① 良忠、『聞書往生論註』を著わす

この年三月、下総国《しもうさのくに》にいた浄土宗鎮西派《じょうどしゅうちんぜいは》の良忠《りょうちゅう》は、『聞書往生論註《ききがきおうじょうろんちゅう》』を著わしました。これは世親《せしん》（四世期ころのインドの僧）の『浄土論《じょうどろん》』を注釈《ちゅうしゃく》した、北魏《ほくぎ》の曇鸞《どんらん》（四七六～五四二年）の『浄土論註（往生論註）』という解説書のそのまた解説書です。

後述するように、親鸞もこの年七月、『浄土論註』に加点《かてん》しています。「加点」とは漢文にヲコト点、返り点、カナなどを書き加え、訓読法《くんどくほう》を示すことです。その漢文の意味を自分流に説明する重要な作業です。

② 日蓮、『回向功徳鈔』を著わす

法華宗《ほっけしゅう》の日蓮《にちれん》は比叡山《ひえいざん》での修行を終えて故郷の清澄山清澄寺《きよすみやませいちょうじ》に帰り、『法華経』の布教活動を行ない、康元元年（一二五六）か翌年には鎌倉に入りました。そして康元

元年七月二十二日付で「侍従公《じじゅうのきみ》」あてに「回向功徳鈔《えこうくどくしょう》」と通称されている手紙を書いています。そこでは亡くなった親に対する子どもの追善供養がいかに大切かを説いています。その中に、

我《わ》れ父母の物をゆづられながら、死人なれば何事のあるべきと思《おもい》て、後生《ごしょう》を訪《とぶら》はざれば、悪霊《あくりょう》と成り、子々孫々《ししそんそん》にたたりをなすと涅槃経《ねはんぎょう》と申す経に見えたり。他人の訪《たず》ぬよりも、親類財《しんるいたから》を与へられて、彼苦《かのく》を訪はざらん志《こころざし》の程《ほど》うたてかるべし。悲《かなし》むべし、悲むべし。哀《あわれ》むべし、哀むべし。南無妙法蓮華経《なむみょうほうれんげきょう》。南無妙法蓮華経。

（立正大学日蓮教学研究所編『昭和定本日蓮聖人遺文』第一巻、総本山身延山久遠寺、一九五二年）

〈現代語訳〉

息子・娘が両親から体をもらいながら、亡くなってしまったらもう親のことはどうでもいいと思って追善供養をしないと、両親は悪い鬼になって子孫に災《わざわ》いを与

えると『涅槃経』という経典に書いてあります。他人が追善供養してくれるより、両親から体その他の宝を与えられたのに、追善供養をしないという気持ちは嘆かわしいです。ほんとうに悲しく、情けないことと思います。南無妙法蓮華経、南無妙法蓮華経。

と、親の追善供養を強調して、最終的には日蓮と、日蓮が最重要と説く『法華経』に帰依《きえ》するように強く勧めています。『法華経』はとても長い経典ですが、その功徳《くどく》はすべて題目《だいもく》「南無妙法蓮華経」に詰まっているので、この題目を唱えましょう、としていたのです。

2 精力的な執筆・書写活動

(1) 危機感に基づく熱心な執筆・書写活動

親鸞は、六十三歳の時に『唯信鈔《ゆいしんしょう》（唯信抄）』を書写して以降、執筆・書写活動がポツポツと歴史的史料に残り始めます。七十五歳の時に従弟で義弟でもある尊蓮《そんれん》に『教行信証《きょうぎょうしんしょう》』の書写を許したあと、翌年に『浄土和讃《じょうどわさん》』と『浄土高僧和讃《じょうどこうそうわさん》』を執筆すると、しだいに執筆・書写活動が目立ち始めるのです。そして八十二歳から八十六歳までの五年間で、その人生の執筆本・書写本の約四分の三を世に残しました。しかもその五年間の中の、八十三歳から八十五歳までの三年間で、なんと人生全体の三分の二の本数です（同じ書名の本であっても、異なる機会に執筆・書写したものは、それぞれ一本として数えます）。

これは、本書が第十一冊目となる「帰京後の親鸞」シリーズの第九冊の書名『八十歳の親鸞――造悪無碍――』・第十冊の書名『八十二歳の親鸞――善鸞異義事件――』のそれぞれ副題で示したように、特に関東の門弟たちの間に自分が意図したこととは異なる宗教状況が生まれているらしいことに強い危機感を感じたことが原因と推定されます。

もう関東を離れて二十余年、その間、多くの門弟と直接には会っていません。門弟によっては三十年以上会っていないということも考えられます。自分が念仏を説いた者の息子・娘の代になっている人も多いでしょう。親鸞としては、自分が関東へ行くことはできないので、「これが正しい念仏です」と書面で書いて示すことに必死になったのでしょう。

⑵ 親鸞八十四歳の執筆・書写活動

① 三月二十三日以前＝親鸞『入出二門偈頌』を真仏書写

イ、『入出二門偈頌』の書写本

親鸞が執筆したとされている『入出二門偈頌《にゅうしゅつにもんげじゅ》』は、親鸞の真筆《しんぴつ》が発見されていません。しかし親鸞八十四歳の三月二十三日、高弟の一人である高田《たかだ》の真仏《しんぶつ》が書写していたのです。それは真宗高田派本山専修寺《せんじゅじ》所蔵の『入出二門偈頌』（福井県法雲寺《ほううんじ》旧蔵）の内題に、「入出二門偈頌　愚禿釈《ぐとくしゃくの》　親鸞作《しんらんさく》」とあり、またこの書物の末尾に、「建長《けんちょう》八歳丙辰《ひのえたつ》三月二十三日之《これ》を書写す」（建長八年は康元元年）とあって、その筆跡は真仏の筆跡に間違いないからです（真宗高田派聖典編纂委員会編『真宗高田派聖典』春秋社、二〇一二年）。そこで親鸞の作であることも間違いないであろう、その制作は「建長八年（十月五日に康元と改元）三月二十三日以前」と推定できます。

『入出二門偈頌』の古写本は、浄土真宗本願寺派本願寺蔵蓮如《れんにょ》書写本、茨城県聖徳《しょうとく》寺《じ》蔵室町時代書写本などもあり、諸古写本の検討からその制作は親鸞八十歳ころとする説があります（浄土真宗本願寺派総合研究所編纂『浄土真宗聖典』本願寺出版社、二〇一三年）。

ロ、『入出二門偈頌』の内容

『入出二門偈頌』は、世親が書いた『浄土論』に示されている、念仏によって成仏する道がいかに重要であるかを説いた「入出二門」を、漢詩の形で褒め称《たた》えた文章です（「偈頌」とは仏菩薩《ぶつぼさつ》や経典、関係書籍などを褒め称えた詩の形の漢文をいいます）。

世親は紀元五世紀ころのインド・ガンダーラの人物で、法然が『選択本願念仏《せんじゃくほんがんねんぶつ》集《しゅう》』で説いた、浄土宗六高祖の第二祖に当たります。六高祖とはインドの龍樹《りゅうじゅ》、世親、中国の曇鸞《どんらん》、道綽《どうしゃく》、善導《ぜんどう》、日本の源信《げんしん》です。浄土真宗では最後に法然を加えて七高僧としています。

「入出二門」とは、自分が悟りに至るための五念門《ごねんもん》（五種類の修行方法＝礼拝《らいはい》、讃嘆《さんだん》、作願《さがん》、観察《かんざつ》、回向《えこう》）と修行の結果得た五功徳門《ごくどくもん》（五種類の成果）のことです。最初の四種類は自分が悟りに至るための行《ぎょう》とそれが成ったこと（「入」）、最後の一種類は人々を救う行とそれができたこと（「出」）です。前者は自利《じり》の行ない、後者は利他《りた》の行ないです。大乗仏教では、自利行とともに利他行も必須です。

親鸞は、『入出二門偈頌』で、法蔵菩薩《ほうぞうぼさつ》（阿弥陀仏の修行時代の名）は初めの四門で「入」の行を完成させ、それに基づき第五門の「出」の功徳も仕上げて、すべての人々を救いたいという本願の力を人々に向けて（回向）利他行も完成した、と明らかにしています。

また親鸞は、「入出二門」の内容を曇鸞、道綽、善導の解説によってさらに明らかにし、煩悩《ぼんのう》を具《そな》えた凡夫《ぼんぶ》は念仏を通しての阿弥陀仏の本願の働きによって仏になると示しています。

② 三月二十四日＝親鸞自身の『唯信鈔文意』を書写

『唯信鈔文意《ゆいしんしょうもんい》』は、親鸞の法兄聖覚《ほうけいせいかく》の『唯信鈔』を解説したものです。『唯信鈔』は、法然が説いた阿弥陀仏の救いに基づく念仏を、無意識に称えればよいのではなく、念仏を信じて称えようという、ただ（唯）信ずることが重要なのだと説いています。『唯信鈔文意』は、その『唯信鈔』を解説したものです。親鸞七十八歳の時の著書です。

『唯信鈔』は当時の社会の常識や生活感覚も多く取り入れながら、わかりやすく説いています。しかし執筆から二十九年、社会の様子も異なり、『唯信鈔』の内容がわかりにくくなった可能性もある、そこで親鸞自身が『唯信鈔』の解説書を書くことを試みたようです。

でも『唯信鈔』のように身近な生活面の例を頻繁《ひんぱん》に引くことはありません。ひたすら教義の解説に集中しています。それは生活状態が異なる可能性がある後世の読者が混乱する可能性があったからか、と筆者（今井）は推測しました（拙著『八十三歳の親鸞――精力的な執筆・書写活動――』自照社、二〇二四年）。

③　四月十三日＝親鸞『四十八誓願』を真仏書写、親鸞加点

「四十八誓願」とは『無量寿経（大無量寿経、大経）』に示される阿弥陀仏の四十八の誓願のことです。親鸞はこの年四月十三日以前に、これら誓願の原文を抜粋《ばっすい》し、仮

名と返り点による訓点《くんてん》を記し、そして全体の検討を行なった著書『四十八誓願』を書きました。それを真仏がこの四月十三日に書写したのです。それは本書の奥書（真宗高田派本山専修寺に所蔵）に、真仏の自筆で、「建長八歳丙辰四月十三日、之を書す」とあることで判明します。

また興味深いのは、本書に朱で記す四種類の声点《しょうてん》（経文《きょうもん》を音読する際の声の調子）が親鸞自身の筆であることです。

④ 四月十三日＝親鸞自身の『念仏者疑問』を書写

親鸞の書状とされているものは、真筆・写本・版本（出版物）合わせて四十数点あります。このうち、真筆はわずか十〜十一通です。その中に建長七年（一二五五）十月三日付の、「かさまの念仏者のうたがひとわれたる事」と称されている書状があります（真宗大谷派本山東本願寺所蔵。『血脈文集《けちみゃくもんじゅう》』所収）。この書状は、本シリーズ『八十三歳の親鸞――精力的な執筆・書写活動――』で取り上げました。

ところが親鸞はこの書状の写しを作っていたようで、それを半年後の建長八年（康元元年）四月十三日、親鸞自身が書写して『念仏者疑問』と外題《げだい》をつけた法語としたのです。

その本文は、最初の部分の「かさまの念仏者のうたがひとわれたる事」は「念仏する人々のなかよりうたがひとわる、事」と変更してあります。前者の「とわれたる事」は「問われた事」という過去の一過性の内容を示しています。「とわる、事」とは現在形で、「ありがちな事、よくある事」という内容を意味しています。そしてこれは「かさま（笠間）の念仏者」だけではなく、「一般的に起こりがちなこと」という意味から「笠間」を省略してあるのです。これ以外の内容は、ほとんど同じです。

⑤七月二十五日＝曇鸞『浄土論註』に加点

3 『西方指南抄』

(1)『西方指南抄』との出会い

『西方指南抄』は上巻本・末、中巻本・末、下巻本・末の全六巻です。そして親鸞はその重要性に特に注目した気配です。それらを親鸞が書写したのは、八十四歳の冬(「冬」は毎年十月から十二月まで)から翌年(康元二、正嘉《しょうか》元)の春(「春」は毎年一月から三月まで)でした。

『西方指南抄』の重要性とは、第一に、師匠法然の教えとは何だったかを、あらためて深く考えることのできる書物だったということです。第二に、法然はいろいろな人たちからの質問に対し、どのように答えたかということが非常に多く書いてある書物だったことです。特に後者はこの時期の親鸞にとって重要な内容だったと考えられます。具体的な念仏信仰はどのような姿を取っていたのか。たとえば、法然自身や門弟、未知の人までの数限りない人たちが念仏や阿弥陀仏に関する夢を見て感動している、ということもあります。

関東では良忠をはじめとする法然の教えを信奉する念仏者が、複数、布教活動を行なっていた気配です。彼らの教えは、同じ法然の教えから出ても少しずつ異なります。たとえば、親鸞は信心を強調するのに対し、良忠は多くの回数の念仏を勧めます(多念義《たねんぎ》)。そして夢。親鸞は関東を中心とする門弟たちの現実の信仰のあり方にずいぶんと悩まされていた気配です。親鸞としても多くの書物を書き、写し、関東の門弟たちに送る必要に強く迫られていたのです。つまりは師匠法然とその高弟の専修念仏の理論を再確認する作業です。

(2)『西方指南抄』の構成と親鸞書写の時期

『西方指南抄』は上・中・下三巻に分かれ、それぞれが本・末二巻で構成されています。ですから、全六巻であると言うこともできるのです。親鸞はこれらを上・本から書写し始めて順に進み、最後は下・末で終わる、という順で書写したのではないのです。それぞれの巻が書写を終わった日付はわかっていますので、その日付とそれぞれの巻の大まかな内容を次に記します。

『西方指南抄』

康元元年十月十三日　上・末を書写

中・末を書写

十月三十日　下・本を書写

法然の説法十九項目（上・本の続き）

七《しち》箇《か》条《じょう》制誡《せいかい》、没後の葬送（法然）に関する遺言二ヶ条、『源空《げんくう》聖人《しょうにん》私日《しにっ》記《き》』七項目、善導の教えについて四項目、北条政子《ほうじょうまさこ》の念仏の質問への返書《へんしょ》、

ある人物の念仏の質問への返書

大胡《おおご》太郎《たろう》・正如房《しょうにょぼう》・光明房《こうみょうぼう》・基親《もとちか》・兵部卿《ひょうぶきょう》・ある人の念仏の質問に関するそれぞれへの返書、浄土宗の大意《たいい》についての法然の教え

十一月八日　下・末を書写

正嘉元年一月一日　上・末を校合

一月二日　上・本を書写

中・本を書写校合

法然の教え三項目、法然の九条兼実《くじょうかねざね》の妻・熊谷直実《くまがいなおざね》・津戸三郎《つのとさぶろう》の念仏の質問に関するそれぞれへの返書

法然の説法十八項目

文治《ぶんじ》六年（一一九〇）正月一日から元久《げんきゅう》三年（一二〇六）正月四日に至る法然の記録、法然の夢、ある人の法然への質問に対する答え十七項目、法然の善導に関する夢想、法然臨終の様子、法然について十七人が見た夢

(3)『西方指南抄』本文それぞれの要約、あるいは主意

①『西方指南抄』上・本

イ、法然の説法

●本項では法然が念仏に関わるいろいろな内容について説明しています。

●以下、人物への敬称は、『西方指南抄』引用文中の法然・親鸞に対してだけとします。

❶阿弥陀仏の真身《しんじん》の功徳

阿弥陀仏の功徳には真身と化身《けしん》の二種類の功徳があると述べています。まず、真身とは「真実の仏身」という意味で、報身《ほうじん》または法身《ほっしん》ともいい、阿弥陀仏の本来の姿のことです。本項は、阿弥陀仏の本来の姿が持つ功徳についての説明です。

❷阿弥陀仏の化身の功徳

化身とは、「生まれ変わり」という意味です。応身《おうじん》ともいいます。本項では、

阿弥陀仏がさまざまな姿に身を変えて人々を救ってくれることについて説明しています。

❸来迎引接《らいこういんじょう》の阿弥陀如来像

来迎引接とは、「極楽へ迎えるために人々の前に来てくださった」という意味です。本項は、阿弥陀仏が多数の菩薩を従えて念仏の人々を極楽へ迎えに来てくれることを示す像は、往生を求める人々にとって特にすばらしい姿です、という内容です。

❹現前導生《げんぜんどうしょう》の願の来迎

現前導生とは、「阿弥陀仏は、この世の人々の前に現われ、人々を救おうという願いを持っていてくださる」という意味です。

❺退治魔事《たいじまじ》の願いの来迎

この世での仏道修行には必ず魔王の邪魔《じゃま》が入りますから、阿弥陀仏はそれを遮《さえぎ》ろうという願いを持っていてくださいますし、この世に来てくださるのは、その目的も入っているのです、と説いています。

❻浄土三部経《じょうどさんぶきょう》
三部経《さんぶきょう》には大日三部経《だいにちさんぶきょう》、弥勒三部経《みろくさんぶきょう》、鎮護国家《ちんごこっか》の三部経、法華の三部経などいろいろあります。しかし極楽往生を説くには、『無量寿経』『観無量寿経』『阿弥陀経』で成り立つ浄土三部経がもっとも優れています、とします。

❼浄土宗という名称
今まで、内容が理解しにくく、私たちに役に立つかどうかよくわからない「浄土宗」がいろいろありました。しかし法然の「浄土宗」は唯一、機（人）と教が相応している、すなわち自分で自分を救えない人が救われるようにしてくださっている教えですとある、わかりやすい「浄土宗」です。

❽『無量寿経』
『無量寿経』では阿弥陀仏の修行時代の本願その他を説いています、とあります。

❾『阿弥陀経』
『阿弥陀経』では、他の行については説かずに、念仏の一行だけを説いてい

ます、とあります。

❿『観無量寿経』

『観無量寿経』では、定善《じょうぜん》・散善《さんぜん》を修しての往生と、念仏一行のみを修しての往生について説いている、とあります。「定善」とは精神を統一して真理に至ろうとすること、「散善」とは精神は散乱したまま悪業《あくごう》を捨て善業《ぜんごう》を実行することです。

⓫末法《まっぽう》の時代には無戒《むかい》・破戒《はかい》なし

持戒《じかい》の人・破戒の人を問題にするのは正法《しょうぼう》・像法《ぞうぼう》の時のことで、近年の末法の時には破戒はありません。経典に破戒が示されているのは、正法の時代に対して説いているのです、としています。

⓬『観無量寿経』も念仏のみを勧める

極楽往生の方法としては阿弥陀仏の本願に従いましょう、釈迦仏の教えを受けようと思ったら、『観無量寿経』が説いているように、ひたすら念仏だけを称えて極楽を求めましょう。

⑬念仏往生は諸行往生《しょぎょうおうじょう》に優れる

たとえば諸仏も念仏を誉めていると、数点をあげて説明しています。

⑭阿弥陀仏の功徳は多いが、その中では名号《みょうごう》がもっとも優れる

「名号」とは、この場合は、阿弥陀仏の名前のことです。阿弥陀仏自身が、そして釈迦仏も「名号」を誉めています、と説いています。

⑮阿弥陀仏の名号は十三種類

「阿弥陀仏」とはインドの言葉です。翻訳《ほんやく》すると、無量寿仏・無量光仏・無辺光仏・無碍光仏《むげこうぶつ》・無対光仏《むたいこうぶつ》・炎王光仏《えんのうこうぶつ》・清浄光仏《しょうじょうこうぶつ》・歓喜光仏《かんぎこうぶつ》などの十三の名号になります。名号の中にはそれぞれ、光明と寿命が込められています。

⑯光明の功徳

光明には多くの功徳があると、諸師たちもさまざまにその功徳を説いている、としています。

⑰寿命の功徳

ひたすら念仏を称えて往生した者のみ、ずっと阿弥陀仏を見上げていられる

のです。亡くなってはいないように見えます。念仏以外の行で往生しようという者はそのようなことはありません。このように法然は説いています。

②『西方指南抄』上・末

イ、法然の説法・続（『西方指南抄』上・本⓱からの続き）

❶『無量寿経』が浄土三部経の根本

法蔵菩薩（阿弥陀仏）は『無量寿経』をもととし、いろいろ選択《せんじゃく》して四十八の誓願（本願）を建てたので、『阿弥陀経』にはこの誓願が「選択の願」と説かれています、と説明しています。

❷すべての経典に示す念仏往生は、『無量寿経』に示す本願を望む

法蔵菩薩は『無量寿経』にあるように、悪い世界がないように、また人がその世界に生まれ変わらないように、生まれ変わった世界がすべて金色《こんじき》に輝いているように、念仏で往生する世界に生まれ変わるようになどと願っています。

❸法蔵菩薩が称名念仏《しょうみょうねんぶつ》を本願に建てた理由

理由は二つあります。一つは念仏の功徳がとても優れているからです。もう一つは、念仏はとてもやさしく、どんな人でも行じることができるからです。

❹称名念仏はほんとうに信頼できるか？

称名念仏の行者《ぎょうじゃ》は、他の行による善根《ぜんごん》を身につけていなくても、必ず極楽往生するので、ほんとうに信頼できます。

❺『阿弥陀経』が説く念仏行《ねんぶつぎょう》の特色

善導は、『阿弥陀経』が説く念仏行を多善根《たぜんごん》、雑善《ぞうぜん》（念仏以外の善行）を少善根と説明しています。『阿弥陀経』の説く念仏行は『無量寿経』・『観無量寿経』と共通しています。

❻極楽往生に関わる師匠・弟子の画像を描くことは重要な意味がある

ただ浄土宗の師匠・弟子の系譜には二つの系統があります。中国・唐代の道綽の『安楽集《あんらくしゅう》』には菩提流支《ぼだいるし》等六人（六祖）の名があります。法然が継承しているのは、曇鸞・道綽・善導・懐感《えかん》・少康《しょうこう》という五人（五祖）です。

❼曇鸞

曇鸞は梁《りょう》・魏《ぎ》両国で比較される者がないほど優れた学者です。『観無量寿経』により念仏の道に入りました。

❽道綽

道綽は曇鸞の影響を受け、また『観無量寿経』に深く心酔しました。行住《ぎょうじゅう》座臥《ざが》（歩いている時・立ち止まっている時・座っている時・横になっている時、つまり、一日中という意味です）に西方を背にしませんでした。『安楽集』を執筆した人物です。

❾善導

善導は、火がついたように差し迫った状態で小声で念仏を称えるのがよい、としました。またその小声念仏の回数を、一万・二万・三万・五万、さらには十万、としました。

❿懐感

懐感は、もと法相宗《ほっそうしゅう》の学者です。善導の教えと行ないに感動して念仏門に入りました。高声念仏《こうしょうねんぶつ》（大きな声で念仏を称える）を勧めました。

⓫少康

少康は、もと『法華経』の信者です。善導の影響で念仏門に入りました。

⓬『無量寿経』

いろいろな経典には人々のためを思うとする内容が記されていますが、ただ『無量寿経』の説く念仏往生の願のみ、疑うべきではないでしょう。

⓭極楽往生を望む念仏行者の資質

極楽に往生したい者には、それぞれの資質によって上輩《じょうはい》・中輩《ちゅうはい》・下輩《げはい》の三種類があります。しかしすべて極楽に往生できます。

⓮なぜ念仏以下の功徳しかない他の行を修しようとするのか？

やはり無上大利《むじょうだいり》（これ以上すばらしい修行方法はなく、大きな功徳のある）の念仏を選ぶべきで、有上小利《うじょうしょうり》（小さな功徳しかなく、すばらしくない修行方法）の念仏以外の諸行を選ぶべきではありませんよ。

⓯正法千年・像法千年・末法万年ののちまで残るものは？

正法（釈迦没から千年の時代）には教・行・証すべてが残り、像法には証がなく、末法には行・証もなく、末法ののちには仏教の救いに関するすべてがなくなります。しかしなんと『無量寿経』だけは残っています。阿弥陀仏が衆《しゅ》生《じょう》を思ってくださる心は深いのです。

⑯正法・像法・末法ののちには『無量寿経』のみ残る

この『無量寿経』は念仏のみを説いているといいます。

⑰『無量寿経』は何を説いているのか？

『無量寿経』は、始めから終わりまで、阿弥陀仏の本願を説いているのです。

⑱『観無量寿経』の大意を把握する方法

仏教では、釈迦一代が長い間に説いたさまざまな教えを体系立てて判断することが必要です。なかなか大変ですが、『観無量寿経』は、ただひたすら念仏を称え、雑行《ぞうぎょう》とも言うべき他の行を捨てよ、ということがおおよその主旨であるとします。

ロ、法然は勢至菩薩

建保《けんぽう》四年（一二一六）四月二十六日、園城寺長吏《おんじょうじちょうり》（住職）の公胤僧正《こういんそうじょう》は、「空中から、法然聖人の本来の姿は勢至菩薩《せいしぼさつ》で、人々を教え導くためこの世界に何度も来られた、教えられた」と夢の中で見たそうです。これは公胤僧正の弟子が書き残したことです。

③『西方指南抄』中・本

イ、法然が建久九年正月一日に記したこと

●この項は、法然自身がその思いや活動をまとめて記録したものです。「他の人に読ませてはいけない。秘密の書にしておきなさい」との注もあります。記録したのは建久《けんきゅう》九年（一一九八）正月一日、法然六十六歳になった日のことでした。

❶正月一日・二日からの法要や恒例の正月七日間の念仏、知人と会った

❷二月四日から七日までの法要中、何度か瑠璃光浄土《るりこうじょうど》の宮殿が目の前に浮かぶ

正月一日から二月七日まで毎日七万遍の念仏を称えたこと、水想観《すいそうかん》・地想観《じそうかん》その他合わせて五種類の観想《かんそう》を行なったことなど。水想観とは、水や氷の清らかな様子を想《おも》うことによって、極楽浄土のありさまを観想する方法です。観想とは、特定の対象に向けて心を集中し、その姿や性質を観察することです。また地想観とは力強い大地の様相を観想することです。いずれも『観無量寿経』に説かれています。

❸二月二十五日と二十八日に赤い瑠璃の壺《つぼ》が見える、他
瑠璃の壺は目を開くと消えた。夜には、暗闇《くらやみ》に四五丈《じょう》あるいは二三十丈の赤青の宝樹《ほうじゅ》が見えたこと。このようなことが何度か繰り返されたこと。

❹八月一日から毎日の六万遍念仏を始めた
正治《しょうじ》二年（一二〇〇）二月のころまで、地想が何度かはっきり見えた。

❺建仁《けんにん》元年（一二〇一）二月八日から、琴やさまざまの楽器その他の音が時おり聞こえた、他
正月五日からは、何度か勢至菩薩の丈六《じょうろく》の像や、顔だけの画像が浮かんだ。

❻建仁二年十二月二十八日、持仏堂《じぶつどう》で丈六の阿弥陀仏の姿が浮かんだ
❼元久《げんきゅう》三年（一二〇六）正月四日、念仏の時に阿弥陀三尊が現われた

ロ、善導のことについての法然の夢想（「法然聖人御夢想記」）

法然は夢を見たそうです。その夢には善導が現われ、法然が専修念仏を広めていることを褒めるために現われた、と伝えたそうです。そして法然が「専修念仏の人は全員が極楽往生になりますか」と尋ねたところ、答えをもらう前に突然夢が覚めてしまったそうです。

ハ、念仏についてのある人の疑問を、法然が十九項目にわたって答えた

❶阿弥陀仏の名号を聞き、自分も救われたいと名号を称えれば、遅くとも過去・現在・未来のうち、いわば百年以内には極楽往生できますよ。
❷『阿弥陀経』の「已《すで》に願を発《おこ》し、いま願を発し、まさに願を発して、……」の文は過去・現在・未来のうちに極楽往生できることを示す文です。

❸『阿弥陀経』等には浄土門で迷いの世界を出ようという願いが込められています。『法華経』には自力で迷いの世界を出ようという思いが込められています。

❹私が大切に保存しているすべての経典や律書・論書は、すべて『観無量寿経』の中に収められる考え方で構成されています。

❺地蔵等のさまざまな菩薩を蔑《さげす》んではいけません。極楽往生してから仲間になる存在ですから。

❻現在の人たちが物を観察し、心の中に仏法の真理を求めるのは無理です。もし仏像を観て真理を求めようとするならば、それは運慶《うんけい》・康慶《こうけい》という彫刻家と同じです。もしすばらしい樹木についての観察なら、桜・梅・桃・李《すもも》等の花や実を見ているにすぎません。でも、いま、名号を称えればすぐ往生できるから、ひたすら念仏を称えましょうと言われているのです。念仏を称えれば心は自然に充実します。

❼念仏には特別の形はありません。ただ称えればよくて、他のことは一切必要ありません。

❽諸経で説く極楽浄土のすばらしさは、皆『無量寿経』の四十八願成就《じょうじゅ》の文章がもとになっていますし、念仏を勧めるところはその第十八願の文です。『観無量寿経』の「三心《さんしん》」、『阿弥陀経』の「一心不乱《いっしんふらん》」、『無量寿経』の「信心歓《しんじんかん》喜《ぎ》」・「歓喜踊躍《かんぎゆやく》」もすべて第十八願の「至心信楽《ししんしんぎょう》の心《こころ》」から発しています。これらからも念仏の三心が説明できます。

❾善導の『観無量寿経疏《かんむりょうじゅきょうしょ》』「玄義分《げんぎぶん》」に「釈迦は猜疑心《さいぎしん》を止《とど》め、悪業を止めて善業を行なえとされた」とあります。また「弘願《ぐがん》(阿弥陀仏の四十八願)ではすべての善人も悪人も極楽に往生する」とあります。私のような者はただ「弘願」を頼むだけです。

❿善導は三心の一つ「深心《じんしん》」を説明しています。『無量寿経』の三心の部分には行への言及はありません。深心の説明で初めて念仏の行について説明しています。

⓫恵心《えしん》(源信)は、極楽往生のためにはふだんの生活・臨終の行ない両方が必要としています。四十八願の文には特に指示がないからです。恵心はふだんの善

業も大切としています。

⓬恵心は、極楽往生のためには観想念仏が重要としています。念仏を称えるのは、観想念仏をきちんと行なわせるためです。念仏の声がなくなれば、観想も怠けがちになるからです。常に口で念仏を称えていれば、観想念仏も絶え間なく続けられるのです。

⓭称名念仏の行者は念仏を称えている時、不浄（トイレなど）を気にする必要はありません。「続けて、絶え間なく念仏を称えること」が重要ですから。如意《にょい》輪《りん》の法（罪障《ざいしょう》を消すために如意輪観音菩薩《にょいりんかんのんぼさつ》を本尊として行なう修法）では不浄を気にしません。阿弥陀仏と観音菩薩とは一体で別の存在ではありません。このことから考えると、善導が説く別時念仏《べつじねんぶつ》の時には体を清めなければなりません。でも、ふだんの念仏の時にはそれと異なってもよいのではないでしょうか。恵心の「時と処といろいろな状況を問題にせず」という見方（『往生要集《おうじょうようしゅう》』）や永観《ようかん》の「身の浄・不浄を論ぜず」（『往生拾因《おうじょうしゅういん》』）という見方は、確かに意味があると思われます。

⓮阿弥陀仏の第十八願について、善導はひたすら念仏を称えて極楽往生するとし、恵心の『往生要集』では観想念仏も称名念仏もすべて入っているとしています。専修念仏の人は、『往生要集』をもとにすると誤った念仏を称えることになってしまうかもしれません。

⓯阿弥陀仏の四十八願のうち、第十九願は他宗派の人を念仏門に導きたいという願です。

⓰真実心とは、すべて善の心を持って積み上げた成果を、ほんとうに極楽往生に向けようという心です。浄土門以外の宗派では、この世の名誉や利益を得ようという心です。

⓱善導と恵心僧都《えしんそうず》源信《げんしん》とは、用語の使い方が異なっているだけです。

⓲浄土宗以外の人で浄土門の教えを受けたい人には、まず『往生要集』から教えなさい。この書物の内容は善導と同じです。

⓳浄土宗以外の人が浄土門の教えを受けたいなら、必ず今までの教えを捨てなさい。理由は、天台・真言などの他宗の教義とはまったく異なるからです、と法

然聖人は言われました。

二、法然の臨終の時の様子、八項目（「法然聖人臨終行儀」）

❶法然聖人は建暦《けんりゃく》元年（一二一一）十一月二日、東山大谷《ひがしやまおおたに》に帰り、翌年正月二日から門弟たちにいろいろ念仏について語り始めました。十数年前から耳がよく聞こえず、この二、三年は病気がち、食欲も湧かず、記憶もはっきりしなくなった。しかし極楽往生のことははっきりしている、と門弟たちにいろいろと極楽往生のことを語り、小声で念仏、あるいは声はなく口が動いているだけ、さらには高声念仏のこともありました。

❷建暦二年正月三日、法然聖人は、私はもと天竺（インド）の僧で日本に来て天台宗に入り、そして念仏の法門に入ったと語りました。

❸建暦二年正月十一日、法然聖人は高声念仏、門弟たちも勧められて高声念仏、すると観音・勢至・他の菩薩たちが現われました。しかし門弟たちには見えなかったのです。

❹この十余年、法然聖人は念仏の功徳が積もって極楽のありさまや、仏菩薩の姿を常に見ていました。しかし人には語りませんでした。

❺建暦二年正月二十日、大谷の房の上に東西になびく雲があり、仏の頭光《ずこう》のように丸い五色《ごしき》に輝く光がありました。

❻建暦二年正月二十日、午《うま》の時に紫雲《しうん》がたなびきました。これは法然聖人の臨終かと門弟たちが騒いでいるうち、消えてしまったのです。

❼建暦二年正月二十三日から二十五日までの三日間、紫雲がたなびきました。西山の水之尾《みずのお》の峰にも大きな紫雲が掛かったと、樵夫《しょうふ》たち十数人が報告に来ました。

❽建暦二年正月二十四日酉《とり》の時から二十五日巳《み》の時まで、法然聖人は高声念仏を称え続けました。弟子たちも数人ずつ交代で法然聖人を助けるように念仏を称えました。やがて午の時ころから、法然聖人の声が少し低くなり始めました。そこで多くの人々が周囲に集まり始めました。やがて法然聖人は慈覚大師《じかくだいし》の袈《け》裟《さ》を掛け、北枕《きたまくら》で顔を西に向け、横になったままで念仏を称え、眠るように

二十五日の午の時なかばばかりに往生されました。

ホ、法然について、多くの人が見た夢

❶中宮大進兼高《ちゅうぐうのだいしんかねたか》が見た夢

中宮大進兼高は、法然聖人が「光明偏照《こうみょうへんじょう》、十方世界《じっぽうせかい》、念仏衆生《ねんぶつしゅじょう》、摂取不捨《せっしゅふしゃ》」と称えて亡くなると書かれた草紙《そうし》を読んだと夢で見ました。すると、後日、実際に法然聖人はこの「光明……」の文を三回称えて亡くなったそうです。

❷四条京極《しじょうきょうごく》に住んだ箔師《はくし》（金銀のうすい箔を打つ職業）の太郎まさいえが見た夢

太郎まさいえは、法然聖人が亡くなった日である建暦二年（一二一二）正月二十五日の夜、大谷の法然聖人の屋敷の上に紫雲が立ち、近くにいる人が「あれは極楽往生の人の雲です。拝むといいですよ」と言い、大勢の人が集まって拝むという夢を見たといいます。

❸三条小川《さんじょうおがわ》の陪従信賢《べいじゅうのぶかた》の後家《ごけ》の尼のもとにいた幼い女の子が見た夢

建暦二年正月二十四日の夜、後家の尼のもとにいた幼い女の子は信心深く、よく大きな声で念仏を称えていました。その女の子の二十四日夜の夢に、彼女が仲よくしてもらっている法然聖人のもとに行ったところ、「私は明日極楽往生する。そなたはよく来てくれた、今日来てくれなければ会えないところだった」と法然聖人が言ってくれたというのです。法然聖人は確かに二十五日に亡くなりました。

❹白河《しらかわ》の准后《じゅごう》の宮に仕えていた女房三河《みかわ》の見た夢

建暦二年正月二十四日、三河という女房が法然聖人の草庵に行って法然聖人を拝んだところ、部屋の周囲に錦《にしき》の帳《ちょう》（たて長の幕）が張り巡らされていました。その帳は色さまざまに鮮やかで、光があり、煙が立っていました。よく見るとそれは煙ではなく、「これは紫雲か、初めて見た、もしかしたら法然聖人は亡くなられたのか」と思ったところで夢が覚めたそうです。女房は、その翌日二十五日、午の時に法然聖人は亡くなったと知りました。

❺鎌倉出身の尼来阿弥陀仏《らいあみだぶつ》の見た夢

この尼の来阿弥陀仏は、建暦二年正月二十四日の夢で、画像で見た善導らしい人に「法然聖人は明日往生される、早く行って拝みなさい」と教えられ、すぐに急いで行くと、とても大勢の人が集まっていました。その中には、来阿弥陀仏と同様の夢を見た人もたくさんいたそうです。

❻十六歳の袈裟《けさ》が見た夢

東山の一切経《いっさいきょう》の谷《たに》の大進《だいしん》という僧の弟子で十六歳の袈裟は、建暦二年正月二十五日、次のような夢を見ました。ある所の東西に通る道に砂を散らし、筵《むしろ》が敷いてありました。多くの見物人らしい人が道の左右に集まっていました。でいき、そのうしろに法服を来た僧たちが千万人も左手に香炉、右手に袈裟も興味が湧いて見ていると、天童《てんどう》二人がとても立派な旗を立てて西へ進ん（法服）の端をつまんで西へ進んでいきました。そばの人にこれはどなたの行列かと尋ねますと、これは極楽往生される法然聖人の行列と教えられたところで夢が覚めました。袈裟は法然聖人のことも、往生のことも知らなかったのに、こんな夢を見たのです。

❼故惟方《これかた》の別当入道《べっとうにゅうどう》の孫が見た夢

この故惟方の別当入道の孫は、建暦二年二月十三日と十五日に法然聖人を葬送した夢を見ました。実際の葬送には参加できませんでした。ところが二日後、隣りの家の人がありがたいことに法然聖人の墓所に案内してくれるというのです。すると八幡宮らしい所へ案内されました。そこにはご遺体《いたい》が安置してありました。八幡宮のご遺体とは何のことかと思いましたら、案内の人が、これこそ法然聖人のご遺体ですよと言いますので、恐怖《きょうふ》のあまり身の毛が逆立《さかだ》ち、汗が流れ、そこで夢が覚めました。

❽尼の念阿弥陀仏《ねんなみだぶつ》が見た夢

建暦二年正月二十五日、念阿弥陀仏という尼が夢かうつつかのうちに遠く北東の方角を見ると、一人の僧と唐人（中国人）のような人が空中にいました。吉水草庵《よしみずのそうあん》あたりの空です。誰かが、あの僧は通訳だよと教えてくれた、と思ううちに夢が覚めました。

❾念阿弥陀仏が見たもう一つの夢

建暦二年正月二十五日、念阿弥陀仏はもう一つの夢を見ています。それは西の空に白い光があり、扇のような形で下へ行くに従って末広がりになっていました。光の中にわらだ（蚕《かいこ》を飼う大きめのお盆くらいの藁《わら》で作った編み物）くらいの大きさの紫雲があり、皆が拝んでいました。それは東山の吉水草庵あたりでした。あれは何の光ですかと尋ねますと、あれは法然聖人が往生されたのですよと答えてくれた人がいたので、念阿弥陀仏も拝みました。香ばしい香りがするという人もいると思ったところで目が覚めました。

⑩三人の女性が見た夢

法然聖人の墓所のもとの所有者（仮に「い」さんとします）、その北にある家に宿泊していた尼（「ろ」さん）、同じく俗人女性（「は」さん）という三人は夢を見ました。「ろ」さんは、先年、法然聖人の墓所で天童がお経を読みながら巡り歩いている夢を見ました。「い」さんは、建暦元年十一月十五日の夢に、墓所に青蓮華《しょうれんげ》が花を開き、それが風に吹かれて家に散りかかるという夢を見ました。さらに「は」さんはその十二月のころ、同じあたりにいろいろな蓮華が咲いているという夢を見たそうです。

⓫祇陀林寺《ぎだりんじ》の西成房《さいじょうぼう》が見た夢

法然聖人が摂津国勝尾《せっつのくにかつお》におられたころ、祇陀林寺（京都四条にあった寺。時宗金蓮寺《こんれんじ》の前身）の和尚の西成房は、その寺の東の山（大谷付近）に金色の光がさしたと夢で見ました。多くの人々もそれを見て拝みました。するとそばの人が、「これは法然聖人が往生されたんですよ」と言っていると思ううちに夢が覚めました。西成房は、法然聖人はやがて勝尾から大谷に移って往生されたと聞いて、だからこのような夢を見たんだと人々に語ったそうです。

⓬ある女房が見た夢

華山院《かざんいん》の前右大臣《さきのうだいじん》の家の侍の江内《えのうち》という者に親しい女房は、建暦二年正月二十三日・二十四日・二十五日と、三日続けて夢を見ました。最初は建暦二年正月二十三日の夜の夢で、西山から東山へ行く道に五色の雲が一町（約百メートル）もたなびいていました。吉水草庵へ行って法然聖人にお会いしたら、大きすぎる衣をだらしなく着ておられる姿でした。

次は二十四日の夜の夢で、昨夜見た夢の中の五色の雲は少しも散っておらず、大きな筏《いかだ》のように大回りにまわって東と西が反対になってたなびいている、と見て夢が覚めました。

二十五日の夜には、法然聖人が臨終のようで、雲に乗って飛ぶような速さで西に向かっておられると見て夢が覚めました。

⑬法然の門弟隆寛《りゅうかん》が見た夢

法然聖人の門弟の隆寛は建暦二年二月二日の夜に次のような夢を見ました。法然聖人が往生されて七日後、ある僧が来て、「聖人はすでに往生の伝記に載せてありますが知っていますか」と尋ねたそうです。「どこに入っているのですか」と尋ねたところ、前にあった本を指差し、「この本です」と答えたところで夢が覚めました。その指で示した本は、善導の『観無量寿経疏』でした。

⑭直聖房《じきしょうぼう》の、先年の夢

直聖房が熊野権現《くまのごんげん》にお参りしていた時、法然聖人が流されて讃岐国《さぬきのくに》へ下られたと聞き、訪ねていきたいと思っていました。しかし腹下《はらくだ》しが続き病気がちになってしまったので、「行きたいです」と熊野権現に祈りました。すると熊野権現が夢に出て「そなたは出かけてはいけない。そなたの臨終は近い」と言われました。直聖房は「法然聖人のことがはっきりとはわからなくなったのです。お目にかかって知りたいのです」と訴えました。熊野権現は「法然聖人は勢至菩薩の生まれ変わりだ。疑わないように」ということでした。これで安心したのか、直聖房は間もなく往生しました。

⑮天王寺《てんのうじ》の静尊《じょうそん》が見た夢

天王寺の松殿法印御坊《まつどのほういんのごぼう》静尊は、高雄寺《たかおじ》に籠《こも》っており、法然聖人という人がいることは知っていましたが、対面したことはありませんでした。ところが建暦二年正月二十五日、ある貴族から頼まれた『阿弥陀経』の書写をしている途中、午の時ばかりに、疲れたのでしばらく脇息《きょうそく》によりかかって休んでいましたら、次のような夢を見ました。周囲で皆がしきりに騒ぎまわるので縁の端に立って空を見上げましたら、普通の乗り車《ぐるま》で幡《ばん》を立てているのが東から西へ飛んでいき、金色の光で四方を照らしていました。そばの人に尋ねると、これは法然聖人が往生される姿だと教えてくれたので強く尊敬の思いがした、というところで夢が覚めました。同月二十七日に知り合いから来た手紙に、法然聖人が二十五日午の時に往生されましたと書いてあったので、見た夢と符合《ふごう》し、大変うれしくなったそうです。

⑯法然の門弟が見た夢

法然の門弟で、もと丹後国《たんごのくに》にいて、今は五条の坊門富小路《ぼうもんとみのこうじ》に住んでいる僧が、ある日昼寝をしていて次のような夢を見ました。空に紫雲がそびえている中に一人の尼がおり、にっこり笑って「法然聖人の教えによって極楽往生しました。今は仁和寺《にんなじ》にいます」と告げたのです。その僧は九条にいた法然聖人にすぐ会いに行って、「これは妄想でしょうか」と尋ねると、法然聖人は確かめようと思いましたが、その時は夜になっていたので、翌日仁和寺に問い合わせの使いを送りました。すると、「その尼公は昨日午時に往生されました」とのことでした。彼女は『法華経』を千回読もうと志し、七百回ほど読んだところで、大変なので残りをどうしようかと法然聖人に相談していました。身体も弱っていたのでしょうか。聖人は、それなら残りは念仏を称えることで充てなさい、と教えたそうです。念仏の功徳も教えました。「あの尼はその指導のおかげで極楽往生できたのでしょう」と法然聖人は言われたそうです。

④『西方指南抄』中・末

イ、私の門人のすべての念仏者たちに告げる（『七箇条制誡』）

●これは一般的に『七箇条制誡』と称されているものです。法然が門弟の専修念仏者たちに守るべき内容を列挙し、門弟たちに署名させたのです。法然の念仏の主旨に背《そむ》きながら専修念仏者と称する門弟たち、他宗派の僧侶たちに教学論争を仕掛けたり、さらには治安の乱れに結びつく行動をする門弟たちを強く戒めています。法然が所属する天台宗延暦寺《えんりゃくじ》に差し出したものではありません。

❶他宗派の教義を非難してはいけません。教義の批判や非難は学僧（教義を研究する仕事をしている僧）の行なうべきことです。ましてそれらに関する経典等を勉強していないのに非難することは止めなさい。

❷仏教の知識がないのに、知識がある人に対して、さらには念仏とは異なる行をしている人に対して議論を吹きかけることを止めなさい。

❸異なる考えを持つ人、異なる修行をする人を、物事をわきまえる心もないのに嫌い、嘲笑《あざわら》うのを止めなさい。

❹念仏門では戒律がないと主張して男女関係・飲酒・肉食を勧め、戒律を守る者を雑行人《ぞうぎょうにん》とし、阿弥陀仏の本願を頼るものは造悪《ぞうあく》を恐れるなと説くことを止めなさい。

❺何が正しいか悪いかを考えず、経典を無視し、師匠の説と称して勝手な考えを説き、争いを仕掛け、智慧《ちえ》のある人に笑われ、無智な人を迷わせるのは止めなさい。

❻智慧がなく愚かなのに、邪法を説いて無智な僧や俗人を惑わすのは止めなさい。

❼邪法を説いて、これが正しい仏法だとすることや、それを自分の師匠の説と主張するのを止めなさい。

私は三十年前から穏やかに専修念仏を説いてきました。世の人々をびっくりさせることもなく、平和に過ごしてきました。しかしここ十年あまり、勝手なことを言い、行動する者が現われてきました。これは阿弥陀仏の浄らかな行ないだけでなく、釈迦が遺された仏法を汚すものです。私として戒めを加えないわけにはいきません。

元久元（一二〇四）年十一月七日　沙門《しゃもん》源空（法然）　花押《かおう》

信空《しんくう》以下合計二十二人の名

已上《いじょう》

ロ、法然没後の葬送についての法然の遺言

❶追善法要の会場

法然の門弟や念仏の仲間たちは、私の追善法要のためにということで一ヶ所に集まってはいけません。必ず喧嘩《けんか》が発生するからです。それぞれ自分の家や草庵で法要を行なってください。

❷追善法要の内容

仏像を描くこと・写経、風呂や品物の提供は一切止めてほしいです。念仏だけを行なってください。皆さん、この二つの遺言《ゆいごん》に背かないでください。

ハ、法然の一生の記録（『源空聖人私日記』）

●法然の一生の、特に個人的な内容が述べられています。

❶法然の誕生。父漆間時国《うるまときくに》が法然九歳の時に討たれたこと。その後法然が出家したこと。比叡山に十三歳で登ったことなど。

❷法然が十八歳で遁世《とんせい》したこと。その後さまざまな学び・修行に入ったことなど。

❸南山大師《なんざんだいし》から引き続く正当な戒を受けたことなど。

❹日本に伝えられた経典・僧侶の伝記・目録等を全部目を通したことなど。

❺師匠の肥後阿闍梨《ひごあじゃり》は、「深い智慧の上での道心《どうしん》がなければ迷いの世界を出ることができない、自分もそうだ」と言われたこと。そして阿闍梨は亡くなる日、

「道心を得られなかった」と言っておられた、もしその時までに私が念仏の法門に気がついていれば、そのお話をして差し上げられたのにと思ったことなど。

❻経典をひもとくと、いつも釈迦如来が念仏の法門を勧めていると理解できたこと。

❼文治二年（一一八六）のころ、天台座主《てんだいざす》中納言《ちゅうなごん》法印《ほういん》顕真《けんしん》が極楽に往生したいと大原に籠っていた。弟子の相模公《さがみのきみ》が法然聖人が浄土宗を立てたことを教えると、顕真はぜひ招きたい、しかし、自分だけではなく東大寺三論宗《さんろんしゅう》の長者明遍《みょうへん》・笠置寺《かさぎでら》の解脱上人《げだつしょうにん》その他三百人余も同席させようということになったこと。そして私法然が念仏の功徳や阿弥陀仏の本願のことを話すと、皆は大変感動したことなど。

❽高倉天皇《たかくらてんのう》の安元《あんげん》元年（一一七五）、私法然は四十三歳で浄土門に入ったこと。それ以来、さまざまな驚くべき様相が出現したこと。たとえば、ある日九条兼実の屋敷から帰る時、地上より高く生えた蓮華を踏んで歩き、頭光は輝き、ま

るで勢至菩薩の化身そのものであったなど、その他多くのこと。またある時、周囲の者によれば、自分はインドで念仏を称えていたが、もともとは極楽浄土にいたこと、今は日本で天台宗を学んでいるなどと言ったこと。やがて病気になり、臨終を迎えた時には、部屋中に不思議な香りが満ちていたことなど。
さらにはその葬送で園城寺長吏法務大僧正公胤が法事の唱導《しょうどう》を務められた時には、その夜の夢に法然聖人が現われ、感謝してくださった、などのこともあったといいます。

どうか、すばらしい
釈迦牟尼仏《しゃかむにぶつ》様　阿弥陀如来様
観世音菩薩様　大勢至菩薩様
および極楽往生を約束してくださる無量寿経・観無量寿経・阿弥陀経様、
すべての世界の人々を平等に極楽浄土に導いてくださいますよう。

二、善導、極楽往生の決定には三種類あると説く

❶三種類の行き方の第一は、信心を固めた人の行き方。第二は、信心を固め、(悟り、あるいは極楽往生のための)行も確実に固めた人。第三は、ただ行しか固めていない人。この三種類です。第一の信心を固めた人にも、二種類ありま す。第一は一生懸命行なっている人です。その中にも二種類あります。第一は、念仏は一回でよいと思っている人です。第二は、なお念仏を称えて信心を固くしようと念仏を称える人です。この人たちは、上記の信心と行とを固めようという人と同じです。

❷怠けてしまう人もいます。しかし一生懸命やりましょう。そうすれば信心を固めた人と同じになります。

❸上記❶のうち、第三の行ばかり励んでいる人は常に念仏をしっかり称えていれば信心もどこからか引かれてきて、それに助けられて往生が決定《けつじょう》しますよ。

❹**質問**　励む念仏による往生は自力の往生になるのではありませんか?

答え　念仏を称えるのは自力ではなく、他力です。

❺信でも行でも、それぞれの人の能力に従って可能な限り念仏を称えていけば、極楽往生が確定しないということはありませんよ。

ホ、法然、北条政子に五項目の内容の手紙を送る

●原文では「かまくらの二品比丘尼《にほんびくに》、聖人の御《おん》もとへ念仏の功徳をたづね申されたりけるに御返事」と書かれています。

北条政子は建保六年（一二一八）春に後鳥羽上皇《ごとばじょうこう》から従三位《じゅさんみ》に、その秋には従二位に叙されています。政子は将軍家または鎌倉殿と称されていた夫の源頼朝が亡くなったのち、出家していました。それで、以後、将軍家後家、尼御台《あまみだい》などと呼ばれ、二位《にい》の尼《あま》、二品比丘尼と呼ばれることもありました。

「品」というのは親王に与えられる官位です。一般の貴族が与えられる官位は「位」ですが、その人物に敬意を表して「品」と通称することもあります。ちなみに、二位は正《しょう》二位・従《じゅ》二位いずれも「品」にすると「二品」です。

❶**質問**　法然聖人が関東の武士の熊谷直実や津戸三郎に念仏を勧めたのは、彼ら

が無智で教義が理解できず、簡単な念仏なら称えられるだろうから、それで勧めたという人たちがいますが、ほんとうですか？

答え　いいえ、それは誤りです。正法・像法・末法および末法後の時代においても、唯一、念仏だけが極楽往生の方法なのです。それで有智《うち》・無智・善人・悪人・戒律を守っている者・破戒の者・身分の高い者・低い者・男女いずれにも念仏を勧めているのです。

❷質問　念仏を信じない人には、無理にでも念仏を勧めた方がよいのですか？

答え　いいえ。そのようなことはすべきではありません。自分が念仏を称えて上品《じょうぼん》上生《じょうしょう》という最上位の極楽に往生してから現世に帰り、念仏を信ぜず悪口を言う人たちをも極楽に迎えてあげようと思うことがよいのです。

❸質問　堂を造り、仏像を造り、写経をし、僧侶をもてなす人々に何と言えばよいですか？

答え　心静かに慈悲の気持ちで行なうのがよいですよと、お勧めください。

❹質問　念仏を称える時、どのような心で称えればよいか、質問されました。

答え 心を浄くして称えるように。極楽浄土を心にかけて称えれば、心は浄くなりますよ。

❺質問 念仏を信じない人や、他の行に熱心な人に、それを非難したり論争を仕掛けたりしてはいけないのですか？

答え いいえ。いけません。意固地《いこじ》になって反論し、ますます極楽が遠くなる重罪の人にしてしまうのが哀れですから。

へ、法然、ある人からの五項目の質問に返事を送る

❶質問 阿弥陀仏の本願とは何ですか？

答え 本願とは「もとの願い」という意味で、別願《べつがん》（特別の願い）ともいい、法蔵菩薩の昔に、救われない衆生を一声の称名の力で極楽往生させようと願ったことです。

❷質問 本願に「体《たい》」と「用《ゆう》」があるでしょう。その違いは何ですか？

答え 「体」は法蔵菩薩のお心で、「用」は南無阿弥陀仏という名号です。

❸質問　名号を称える者をすぐ本願の「体」と心得てよいのでしょうか？

答え　そのとおりです。

❹質問　「用」を「体」と称することはあるのですか？

答え　「体」と「用」の内容はいろいろな場合で変化します。でも「用」を「体」と称することは常のことです。結局、「体」がなければ「用」が存在するはずはなく、「用」は「体」によって成立していますので、阿弥陀仏の本願と念仏の行者とはただひとつのものなのです。

❺質問　「本願」と「本誓《ほんぜい》」とはどのような違いがあるのでしょうか？

答え　法蔵菩薩が、私が仏になった時の名「阿弥陀仏」を「南無阿弥陀仏」と称える人たちを極楽に往生させたいというのが「本願」です。「南無阿弥陀仏」と称えても、もし極楽に往生できなければ私は仏にはならない、というのが「本誓」です。

⑤『西方指南抄』下・本

イ、法然、上野国の大胡太郎実秀の妻からの三項目の質問に返事を送る

❶念仏のことをお聞きになりたいために、わざわざ遠方から使者をお送りくださり、恐縮です。

❷極楽往生のためには念仏以上の行はありません。それは阿弥陀仏の本願だからです。他のすべての行は阿弥陀仏の本願ではありません。釈迦仏も念仏をもっとも大切としています。

❸念仏をけなす人は地獄に堕ちてずっと長い間苦しみを受けます。念仏を信じている人は浄土に生まれて永久に楽しく過ごせます。

ロ、法然、大胡太郎実秀からの四項目の質問に返事を送る

❶あなたが京に滞在している時に詳しくお話しすればよかったですね。

❷**質問**　三心を具えることで極楽往生するということですが、どのようにすればよいのか、よくわかりません。

答え　ひたすら念仏を称えていればよいのです。その中で三心も身につくのです。

❸質問　臨終の様子が穏やかでない人は極楽往生できませんか？

答え　そんなことはありません。日常にまじめに念仏を称えていれば、臨終の様子が穏やかでなくても（病状悪化で苦しむなど）、心配しないでください。極楽往生できます。

❹質問　悪人でも救われるとか、善人さえ救われるまして悪人はとか、いろいろ言われていますが、どう生きたらよいのか面倒です。

答え　もっともです。気にしないでひたすら念仏を称えてください。ただ念仏をけなす人は地獄に堕ちてずっと長い間苦しみを受けます。念仏を信じている人は浄土に生まれて永久に楽しく過ごせます。

八、法然、臨終の善知識を願う正如房に返事を送る

●病気が重くなって、臨終が近いことが予測される正如房から、その時の善知識《ぜんぢしき》

（臨終の時に極楽往生に導き、最後の念仏を称えさせてくれる僧）になってもらうため、会いたいという手紙が来ました。法然も同じ気持ちでしたが、会うと臨終の時に正如房の心に現世に対する未練が残り、無事に極楽往生できないことを心配した法然は、会いたいけれど行かないという手紙を送ったのです。

●この正如房という人は、後白河法皇《ごしらかわほうおう》の皇女で式子内親王《のりこないしんのう》ではなかったかという説が一九五五年に出ました。法然の書状を転写していく過程で聖如房《しょうにょぼう》として記されるようにもなっていました。式子内親王の戒名は承如法《しょうにょほう》です。式子内親王は和歌に優れ、『新古今和歌集《しんこきんわかしゅう》』の情熱の歌人として知られています。彼女には恋人がいたのではないか、それは藤原定家《ふじわらのていか》だったという説が昔からありました。しかし、そうではなく、その恋人（ただし心の恋人）は法然だったのではないかと、『新古今和歌集』に出る和歌を中心に組み上げて世に問うたのが石丸晶子《いしまるあきこ》氏『面影《おもかげ》びとは法然　式子内親王伝』（朝日新聞社、一九八九年）でした。

ちなみに、皇族の女性に時おり三文字の戒名が見られます。

ニ、法然、越中国の光明房に返事を送る

一念往生すなわち一回念仏を称えれば極楽往生できるという説（一念義《いちねんぎ》）は間違いです。この考えは京都の中でも広まっています。言語道断《ごんごどうだん》です。天魔波旬《てんまはじゅん》（人の命や極楽往生を絶とうとする悪魔）のためです。この状態を深く恐れています。

●本項の末尾に、「このころ越中国《えっちゅうのくに》では成覚房《じょうかくぼう》の門弟たちが一念義を立てて多数回の念仏を止めさせようとしていました。困った同じく越中国の光明房が、一念義を否定する法然の手紙をもらって皆に見せたいというので、法然が書いた返書」という注が書かれています。光明房も成覚房も法然の門弟です。

ホ、法然、兵部卿三位基親について述べる

兵部卿《ひょうぶきょう》三位《さんみ》基親《もとちか》はひたすら阿弥陀仏の本願を信じ、毎日五万回名号を称えています。念仏は一回だけでよいと言う者がいますが、決してそうではありません。基親は必ず上品の極楽に往生すると私は深く思っています。

へ、法然、兵部卿三位基親の質問について返事を送る

質問 念仏者は男女問題などの破戒は問題ないと言う人がいますが、いかがでしょうか?

答え 最近、念仏は一回称えればよいと言う人がいますが、よくありません。また破戒もよくないです。最近、天魔が勢いづいてやってきておかしなことを言います。気をつけましょう。

ト、法然、ある人の十一箇条の質問に答える

❶**質問** 「浄土宗」という宗派名を勝手に立てた、と他の宗派の人たちに言われたらどうしたらよいですか?

答え 仏教には、本来、「宗」はありません。ですから非難される理由はないのです。

❷**質問** 法華・真言を雑行に入れてはいけないですか?

答え 『往生要集』には法華・真言を諸行に入れてあります。諸行すなわち雑行ですから、雑行に入れてかまいません。

❸質問　阿弥陀仏以外の仏や浄土三部経以外の余経で善行を修めている者に念仏を勧めるのは雑行ですか？

答え　いいえ雑行ではありません。あなたの極楽往生のための助けになります。

❹質問　極楽に九品《くぼん》（上から下まで九種類）があるのは阿弥陀仏の意図ですか？

答え　いいえ、釈迦仏の考えです。釈迦は、悪人が「何をやっても大丈夫だ、極楽往生できる」と慢心を起こさないように、善人は上品に、悪人は下品《げぼん》に進むと説かれたのです。

❺質問　戒律を守って念仏が少ない者と、破戒で多い者とでは、往生ののちの九種類の極楽のうち、どちらが上の極楽に往生できるでしょうか？

答え　戒律は関係ないから、どんどん急いで念仏を称えなさい。

❻質問　念仏は声を出して称えなければダメでしょうか？

答え　声に出しても、心で称えても極楽往生の働きにはなります。しかし阿弥陀仏の本願は称名の願ですから、声に出して称えましょう。

❼質問　日ごとの念仏の回数は何回必要でしょうか？

答え　善導の説明では一万回以上ほしいといいます。ただし急いで一万回称え、あとは何もしないのはよくないでしょう。一万回は一日一夜で称えてください。また食事中は三回くらいで立派です。人によって心根は異なりますから、念仏への志が深ければ、念仏は自然に称え続けられるものですよ。

❽質問　念仏を称えるのは十回必要でしょうか、一回でいいのでしょうか。または一生の間称えなければなりませんか？

答え　善導の『往生礼讃《おうじょうらいさん》』や『観無量寿経疏』の説くところでは、一回で極楽往生できると信じて、念仏を称えることを励もうとあります。

❾質問　本願の一回の念仏とは、普通の時にでも臨終の時にでも通用するのでしょうか？

答え　一回念仏を称えれば極楽往生するとは、一回しか念仏を称えられない状態の人のためです。普通の人は、阿弥陀仏の本願は一回の念仏でよい、ということでは絶対にありません。

⑩質問 自力と他力のことは、どのように考えたらよいでしょうか？

答え 阿弥陀仏の本願は、自力・他力どのような行の人でも救ってくださいます。ただし、念仏を称えたくないということは極楽往生の障害になります。

⑪質問 至誠心などの三心を持てというのは、どのようにすればよいのでしょうか？

答え 特別のことはありません。阿弥陀仏の本願を深く信じ、心の中で南無阿弥陀仏を念じ口で称え、もう極楽往生した気持ちでそれらを怠らなければ自然に具わってくるのです。

チ、法然、浄土宗の大意を述べる

浄土宗では、聖道《しょうどう》・浄土の二門を立てて、すべての経典を収めています。二門のうち聖道門とは、現世での悟りを目指します。自力でいろいろな迷いを断ち、迷いの世界を出ようという修行をする教えなのです。でも、そのような力のない私たちにはそんな修行はできません。浄土門とは、極楽に往生しようという道です。阿弥陀仏の力すなわち他力で迷いを断ち切り、極楽に往生しようという教えなので、自力で悟りを得ることはできない者にとっては修行しやすいのです。（中略）聖道門の修行は智慧を奥底まで求めて迷いの世界を出る、浄土門の修行は愚かな自分と徹底的に思って極楽浄土に生まれる、ということなのです。

⑥『西方指南抄』下・末

イ、往生には四種類あること

❶正念念仏往生《しょうねんねんぶつおうじょう》

正念念仏往生とは臨終の時、阿弥陀仏が迎えに来てくださって穏やかに念仏を称えて極楽往生することと『阿弥陀経』に記されています。

❷狂乱念仏往生《きょうらんねんぶつおうじょう》

臨終の時、苦しく心乱れているが、念仏だけは称えて極楽往生すること。『観無量寿経』に記されています。

❸無記心往生《むきしんおうじょう》

臨終の時に善悪のけじめがつかないような心の状態のままであっても、極楽往生するということ。懐感の『群疑論《ぐんぎろん》』に記されています。

❹意念往生《いねんおうじょう》

臨終に念仏が称えられなくても、浄土を思い浄土へ往生したいという意欲を持つだけで極楽往生するということ。『法鼓経《ほうこきょう》』に記されています。

●実際の本文には❶〜❹の項目に関する解説はありません。

ロ、法然、阿弥陀仏のご恩の中で、特に重要な言葉を説く

阿弥陀仏のご恩の中で、特に頼りにすべきことは、「十回は念仏を称えよう」という言葉で、絶対に信じるべきことは、「必ず極楽往生する」という言葉です。

ハ、法然の、念仏が重要であることを五項目にわたり説く

●法然は、社会がひどい状態になっているこの末法に生きる人々が、極楽往生するためにはどうしたらよいか、五項目にわたって説いています。

❶皆さん、ひたすら念仏を称える専修念仏の門に入りましょう。ただ、天台宗・法相宗の経論《きょうろん》・聖教《しょうぎょう》も一つとして無駄になる内容ではないのです。しかし末法の世では、普通の人々が成果を上げるのは難しいのです。

❷そこで、まず弥陀の願力《がんりき》をもって念仏往生を遂げてのち、浄土でもろもろの教えを学び、悟りをも開きましょう。

❸一向専修の行では、三心が必要です。それらは至誠心《しじょうしん》、深心《じんしん》、回向発願心《えこうほつがんしん》です。

❹念仏門では、行住座臥、寝ても覚めても念仏を称えていると、すべての行ない・状況がすべて極楽往生の因となること、疑いありません。

❺念仏門は、迷いの世界に未来永劫《みらいえいごう》に至るまで生まれ変わりすることの虚《むな》しさを知らない、無智な人のために活動しているのです。ですから、智慧の深い諸宗派の方々が憤慨されることではないのです。

ニ、法然、関白九条兼実の妻藤原兼子に返書を送る

●原文では「九条殿北政所《きたのまんどころ》御返事」と書かれています。

●内容：『無量寿経』や伝教大師《でんぎょうだいし》の言葉・『往生要集』の文なども引用し、一向専修の念仏を勧めています。

ホ、法然、熊谷直実に返書を送る

●内容：丁寧な手紙に対するお礼と、念仏を大切にするようにとの短い文の返書です。熊谷直実への返書と推定されています。

ヘ、法然、念仏の重要さ十三項目を説く

●法然は、本文の最初に、「どんなことにおいても、避けたいのは六つの迷いの世界であり、救われない世界に生きることです。そして願いたいのは極楽浄土に生まれ、悟りを求める生活をすることです」と指し示し、以下詳しく丁寧に、十三項目にわたって質問し、自ら答える質疑応答形式で説いています。

❶質問　世の中の名誉や利益を求める気持ちを捨てたこともなく、戒律を保とうという心もないのに、特に理由もなく出家しても、在家《ざいけ》でいるよりはよいことですか？

答え　よいことです。ほんとうに、宝の山に入ったのに何も手に持ち帰ることがないなんて、ありえませんから。

❷質問　出家したらどのような行ないをしたらよいのでしょうか。俗人で修行するのはよくないのでしょうか？

答え　出家も俗人も、迷いの世界を離れる道があります。どちらでもいいですよ。

❸質問　私のような愚かな者は、浄土往生を願う方がよいでしょうか？

答え　はい。浄土ではわかりやすく悟りに至る道を学べますよ。

❹質問　浄土は十方にたくさんありますが、どこがよいでしょうか？

答え　やはり私たちに縁の深い極楽浄土がよいです。

❺質問　やはり極楽浄土がよいのですね。では、そのためにはどんな行をするの

がよいのでしょうか？

答え　それも善導が説かれているように、やはり念仏です。

❻質問　『法華経』修行など他の行ではダメなのですか？

答え　いろいろ検討しましたが、ただ「専修念仏のみが有効です」が答えです。

❼質問　ではどんな経典や本を読んだらよいでしょうか？

答え　いろいろありますが、何を読まなくとも、念仏の意味するところをよく心得て称えれば極楽往生疑いなしです。

❽質問　心はどのような内容を維持したらよいでしょうか？

答え　三心を具えてください。三心とは三つの心です。それは、「至誠心」＝真実に浄土を願う心、「深心」＝深く浄土を願う心、「回向発願心」＝今までに積んだ功徳によって浄土に往生しようという心です。

❾質問　『阿弥陀経』に「一心不乱《いっしんふらん》」とあるそうですが、念仏の時に他のことを少しでも気にしたらいけないということですか？

答え　三心を身につけてください。三心があれば心は乱れません。大丈夫ですよ。

❿質問　信心のことはわかりました。では必須とされる行について教えてください。

答え　それは四つの行で四修《ししゅう》といいます。長時修《じょうじしゅう》（ずっと続ける）・慇重修《いんじゅうしゅう》（極楽の仏法や僧侶・仲間、宝物などを大切にする）・無間修《むけんしゅう》（常に念仏して往生を思うこと）・無余修《むよしゅう》（念仏以外の行を思わないこと）です。でも、阿弥陀仏の本願をよく学びながら念仏を称えれば十分です。他の諸行はまったく必要ありません。

⓫質問　すべての善根は魔王に妨げられます。どうしたらよいでしょうか？

答え　善根は自力によって作られます。阿弥陀仏をたぶらかす魔の縁はありませんし、阿弥陀仏・観音・勢至や二十五菩薩が百重・千重に守ってくれますので、魔王が念仏を妨げる手がかりはありません。

⓬質問　念仏を称えると私が積んだ罪をどのくらい消してくれるのですか？

答え　一回称えるだけで八十億劫《はちじゅうおくこう》もの長い年数の間に溜まった罪でも消してくれますよ。

⓭質問　念仏で阿弥陀仏の姿・光を観ようという教えがありますが、智慧浅く、心も満足に持っていない私たちにはできませんよ。どうしたらよいですか？

答え　善導の言われるように、姿・光を観ようとせず、阿弥陀仏の名前だけを称えなさい。早く極楽へ往生すれば、阿弥陀仏・観音菩薩を師匠として『法華経』・『般若経《はんにゃきょう》』・真言宗の即身成仏《そくしんじょうぶつ》、そのほかすべての聖教を理解でき、思うように悟ることができますよ。

ト、法然、武蔵国の津戸三郎に返書を送る

●本書の末尾に、「津戸三郎は武蔵国の住人で、大胡・しのや・津戸の三人は法然の根本《こんぽん》の弟子です。津戸は八十一歳で自害してめでたく極楽往生を遂げました。それは法然の極楽往生の年ですからとして自害したのです。日付は不明ですが、もしかしたら法然が往生された正月二十五日のことだったでしょうか。

細かく調べて書き残したいです」とあります。

〈本文〉

「熊谷直実入道・津戸三郎は、無智の者だから法然は念仏を勧めています、智慧のある人は必ずしも念仏に限らない」という声が聞こえてくるそうですが、それはまったくの誤りです。念仏の行はすべての人々のためです。

（中略）

❶一家の人たちが仏像を描き、写経をし、僧侶をもてなしたいということには協力してあげましょう。これらは念仏を妨げることにはならないですよ。

❷現世のことのために仏や神に祈ることも問題ありません。後世《ごせ》の往生のためには念仏しかないので、それを妨げることは悪いことです。でも現世のためにすることは往生のためではないので、神仏に祈ることはまったく問題ないです。

❸念仏は行住座臥・時処諸縁《じしょしょえん》を嫌わざる行なので、もし身も口もきたなくても、心を清くして称えるのは立派なことです。

❹お描きになった阿弥陀三尊の画像、開眼供養《かいげんくよう》の法要がご希望なので、そのよう

にしてお返しします。あなたの大変めでたい功徳になりますよ。

❺何かもう一つ、仰りたいことがあるそうですが、それは何ですか。遠慮なく仰ってください。

❻念仏の行を信じない人に無理に強《し》いてはいけません。でもそのような人も極楽に往生できるように祈ってあげましょう。

4 『西方指南抄』親鸞転写説について

本冊の最後に、『西方指南抄』は親鸞が編集したのか、他人の編集物を親鸞が書写（転写《てんしゃ》）したのかという問題について述べておきます。今日に至るまで、編集説と転写説がありましたが、最近では転写説が大勢を占めている気配です。それは我孫子稔《あびこなる》章《あき》氏「『西方指南抄』の成立に関する一考察――『法然聖人御説法事』の検討から」（『印度學仏教學研究』第六十七巻第二号、二〇一九年三月）の御説に代表されるでしょう。詳細は省略させていただきますが、同氏は「あくまで推測であるが」と断られつつ、「親鸞ははじめ上本・上末を中本、中本を中末としてまとめられた書を受け取ったのではないか。そしてこれをそのまま書写したものの、後になって巻上は存在しないことが判明、体裁を整えるために中本・中末をそれぞれほぼ中央のきりの良いところで二分し、それぞれ上本・上末・中本・中末とするところで三巻六冊本としたと考えられる」（同誌六〇五頁）とまとめられています。

本冊は親鸞の編集か転写かを明らかにするのが目的ではありませんので、この問題にはこれ以上は触れません。そしてこの問題に関しての筆者の思いを次の「おわりに」で述べたいと思います。

おわりに

本冊執筆の目的は「帰京後の親鸞――明日にともしびを――」シリーズの一環として、親鸞八十四歳のできごとを検討し、その結果を述べることにありました。親鸞は、自分が四十二歳の時から精魂込めて信心と報謝の念仏を伝え、「うまくいった！」と思った関東でさまざまな問題が起きているのを知って思い悩んだであろうことを、このシリーズ第八冊から振り返ってきました。ましてそこに自分の血を分けた息子さえも対処しきれない問題が広がっていることを知りました。対処しきれないのは誰の責任でもない、親の自分の責任だと親鸞は思わざるを得なかったと筆者は思っています。

ここに師匠法然の『西方指南抄』が現われ、一読、いかに師匠も布教伝道に苦労・工夫があったかをあらためて実感したのではないでしょうか。

筆者（今井）の本冊執筆の主な目的は次のとおりでした。法然が人々に向かってどのように工夫して教えを説いたか、その教えを受けた人たちがどのように感じたか、そしてそれを八十四歳の親鸞があらためて知りたかったであろうことを強く感じ取りたかった、ということです。

『西方指南抄』には内容的に矛盾している話も各所に見られます。また法然にしても一般人にしても、こんなに都合よく念仏あるいは往生の夢を見ないだろうと思われることが、これでもか、これでもかというくらい集められています。でもそれが一般の人たちの思いなのです。布教者の側ではなく、受け取り手の側がどのように思い行動するか、その実情が親鸞にとってとても参考になったのだと筆者は思うのです。

八十四歳から八十五歳にかけての『西方指南抄』の筆写、そして八十五歳での思索を経て八十六歳の「自然法爾《じねんほうに》」の文に至ったと筆者は考えています。この間、親鸞は門弟たちと交流を続けています。本シリーズ第十二冊目の次号『八十五歳の親鸞――信心と報謝――』では、その間の親鸞の心の動きと行動とを見ていく計画です。

あとがき

毎年三月・四月は学校の卒業・入学シーズンです。この時期になると、私は自分の三十歳ころにお世話になったお二人の先生を思い出します。うち、お一人は立正大学の中尾堯教授です。日蓮の教学・伝記研究で有名でした。そのころ、私は東京教育大学大学院の修士課程を修了し、博士課程の入学試験にも合格していました。しかしほんとうに研究が進まず、お先真っ暗でした。その状況の中で、それまで縁もゆかりもなかった中尾先生に偶然の機会にお目にかかりました。以後、先生は四年にもわたって懇切・丁寧に導いてくださり、博士論文完成に至らせてくださったのです（本シリーズ第九冊にやや詳しく記しました）。

もうお一人は九州大学の川添昭二教授です。やはり日蓮の教学・伝記研究で有名でした。私は博士課程に入って三年余り過ぎていました。博士論文はなんとか完成するかなと思っていたところ、川添先生は歴史学でもっとも権威がある学術雑誌の『史学雑誌』に私の研究を取り上げてくださり、とても褒めてくださったのです。それこそ中尾先生と同じく、それまでまったく縁もゆかりもなかった先生です。うれしかったです。その『史学雑誌』の川添先生の文が大学院の先生方の目に留まり、それもあってと思いますが、やがて提出した博士論文は承認され、翌年三月には博士号をいただきました。さらに四月から茨城大学に助教授で採用されました。

そして川添先生について驚き感動したのは、見知らぬ他人（つまり私）を褒める時、こんなにも上手に褒めて前に進ませることができるのか、ということでした。以後、私は学生諸君や研究者の後輩諸君を褒める時、いつも川添先生の褒め方を手本にしています。

ところで、私の博士論文のテーマは時宗の宗祖である一遍です。その後の主なテーマは浄土真宗の宗祖の親鸞です。いずれも「南無阿弥陀仏」の念仏の僧侶です。おもしろいことに、私を前に進ませてくださったのは、「南無妙法蓮華経」の日蓮研究のお二人の先生方でした。

本書は、いつものように自照社の方々の手厚いお世話になりました。感謝申し上げます。また本書の最初の校正については、これもいつものように宮本千鶴子さんのお世話になりました。ありがとうございました。

次の本シリーズ「帰京後の親鸞」では、『西方指南抄』以後の親鸞が、どのように心を静めていったかを見ていく計画です。

二〇二五年一月二十九日

今井雅晴

＊著者紹介

今井雅晴（いまい　まさはる）

一九四二年、東京生まれ。東京教育大学大学院博士課程修了。茨城大学教授、筑波大学大学院教授、コロンビア大学・台湾国立政治大学・カイロ大学その他の客員教授を経て、現在、筑波大学名誉教授、東国真宗研究所所長。専門は日本中世史、仏教史。文学博士。

著書　『親鸞と浄土真宗』『鎌倉新仏教の研究』『仏都鎌倉の一五〇年』『捨聖一遍』（以上、吉川弘文館）『親鸞と本願寺一族』（雄山閣出版）『わが心の歎異抄』（東本願寺出版部）『親鸞の家族と門弟』（法蔵館）『茨城と親鸞』（茨城新聞社）『親鸞と如信』『親鸞の東国の風景』（以上、自照社出版）『平安貴族の和歌に込めた思い・続』（自照社）『鎌倉北条氏の女性たち』（教育評論社）ほか多数。

帰京後の親鸞―明日にともしびを―⑪
八十四歳の親鸞―『西方指南抄』―
2025年2月22日　第1刷発行

著　者　今井雅晴
発行者　鹿苑誓史
発行所　合同会社 自照社
〒520-0112 滋賀県大津市日吉台4-3-7
tel:077-507-8209 fax:077-507-9926
hp:https://jishosha.shop-pro.jp
印　刷　亜細亜印刷株式会社

ISBN978-4-910494-39-5

帰京後の親鸞 ―明日にともしびを―

《全15冊》

今井雅晴著

1 六十三歳の親鸞―沈黙から活動の再開へ―

2 六十七歳の親鸞―後鳥羽上皇批判―

3 七　十　歳の親鸞―悪人正機説の広まり―

4 七十四歳の親鸞―覚信尼とその周囲の人びと―

5 七十五歳の親鸞―『教行信証』の書写を尊蓮に許す―

6 七十六歳の親鸞―『浄土和讃』と『高僧和讃』―

7 七十九歳の親鸞―山伏弁円・平塚の入道の没―

8 八　十　歳の親鸞―造悪無碍―

9 八十二歳の親鸞―善鸞異義事件―

10 八十三歳の親鸞―精力的な執筆・書写活動―

11 八十四歳の親鸞―『西方指南抄』―

12 八十五歳の親鸞―信心と報謝―

13 八十六歳の親鸞―自然法爾―

14 八十八歳の親鸞―静かな最晩年―

15 九　十　歳の親鸞―京都にて死去―

＊年２冊刊行予定＊